Irland und anderswo

Karl-Heinz Prätzler

Irland und anderswo

.... und andere Angelgeschichten

Genehmigte Lizenzausgabe
fischueberalles.ch, Riehen/Schweiz 2003

Die Texte sind dem Werk
Vorwiegend Barsche entnommen

Printed in Germany

ISBN 3-905678-03-9

Statt einer Einführung:
Mein grünes Buch

Es ist eigentlich kein Buch, ein Heft vielmehr, ein Schreibheft, wie es die Kinder in der Schule benutzen, und es ist auch nicht grün, sondern dunkelblau. Aber ein Buch ist es wiederrum doch – und voll der herrlichsten Geschichten, die man sich denken kann.

Es ist mein Fangbuch.

Ich habe die Seiten nummeriert und mit Bleistift in Felder unterteilt, und an manchen Abenden hole ich es aus der Schublade und setze mich in eine stille Ecke. Ich lese die Geschichten vom Wind und vom Wasser; Erde kommt darin vor, dunkles Schilf und rauchfarbene Abende, an denen die Aale ziehen.

Es stehen eigentlich nur Buchstaben und Zahlen in

meinem grünen Buch, aber es fällt mir nicht schwer, dabei an Menschen zu denken, denen ich dort draussen beim Fischen begegnete.
Ich sehe die Zahlen und Buchstaben, und sie beginnen zu reden.
Manche Eintragungen sind schon unansehnlich geworden mit der Zeit, eine Ecke ist umgekrempelt, ein Fleck gilbt vor sich hin - aber immer steht das Leben in meinem grünen Buch geschrieben, und nichts ist tot und vergessen …
An jenen Abenden, an denen ich mit meinem Buch auf den Knien vorm Fenster sitze, höre ich wieder den wirbelnden Schlag des Hechtes, und ich lausche dem Wind im Röhricht und den Enten, die ihre stillen Blänken aufsuchen.
So ist mir das grüne Buch eines der liebsten vor allen anderen, und ich nehme es in die Hand, so oft ich nur kann. In diesen Augenblicken, in denen ich die Blätter umwende, bin ich eins mit Wolke und Wind - und so glücklich, wie es nur ein Mensch sein mag.

Inhaltsverzeichnis

In Nora Caheraghs kleiner Küche schwelte und knisterte es wie in einem Räucherhaus, und mit jedem Windstoss, der über das Dach der Hütte strich, stiegen neue flackernde Rauchschwaden aus dem Herdfeuer auf. Von Zeit zu Zeit unterbrach die alte Frau brummelnd Ihre Strickarbeit und blickte durch das beschlagene Fenster auf den Weg draussen, und dann wurden ihre geröteten Augen noch kleiner und die Falten auf der Stirn noch tiefer, als es sonst schon der Fall war.

Es schien, als wartete Sie auf etwas, das sich dort draussen auf der Torfheide zeigen müsste, seit langem gezeigt haben sollte. Vielleicht wartete sie auf die Sonne, die trotz der späten Morgenstunde mit den Wolken Verstecken spielte.

Nein. Die alte Caheragh war keine Frau, die mit dem Wetter hadern konnte. Es regnet, die Sonne scheint – je nachdem. Nein, nicht aufs Wetter hielt sie Ausschau. Als eine gute halbe Stunde später drei

Wanderer hinter der Wegbiegung auftauchten, da liess sie sofort das Strickzeug sinken und trat hinter das verwitterte Fenster.

»Sean Caheragh«, murmelte sie, die Näherkommenden angestrengt beobachtend, »einer, der es nicht lassen kann. Mannsbilder. Sind die halbe Nacht auf und den Morgen dazu. Herrje – und den Morgen dazu...«

Mit diesen Worten machte sie kehrt, durchquerte humpelnd die Küche und öffnete einen eichenen Wandschrank. »Kann nicht lassen«, wiederholte sie, eine grüngefärbte Whiskeyflasche unter wollenen Pullovern und Strümpfen hervorziehend. »Das Mannsbild«.

Sie puhlte geschickt den Korken aus der Flasche, kniff das eine Auge zusammen und nahm einen langen Schluck. Das andere Auge richtete sich währenddessen in die dunkle Ecke neben dem Schrank. Dort ragte ein Nagel aus der Backsteinwand hervor, und an ihm hing eine dunkel getönte Angelrute.

Wenig später ertönte das melodische Klappern der Stricknadeln durch die Stille.

Die drei Wanderer hatten sich der Hütte inzwischen so weit genähert, dass man sie bei genauerem Hinsehen als zwei Männer und eine junge Frau erkennen konnte. Die Männer trugen lange Angelruten. Die Frau, die zwischen Ihnen ging, hatte eine Tasche bei sich, wie man sie auf den ländlichen Wochenmärkten kaufen kann. Ihre Silhouetten hoben sich gegen die silbrige Weite der Torfheide ab.

»Nora!«, rief der ältere der Männer, als sie die Hütte erreicht hatten, »Nora!«. Und der jüngere pfiff in seinem Übermut gellend auf zwei Fingern.

Die alte Caheragh hörte dieses Getöse wohl, aber sie rührte sich nicht. Erst als man unter den niedrigen Türbalken in die Stube eintrat, legte sie ihre Arbeit beiseite und ging hinaus.

»Heute wird es Fischsuppe geben«, rief Sean Caheragh ihr entgegen, »Fischsuppe, hörst Du?«

»Ich höre und sehe«, brummte die alte Frau. »Ich rieche es, Sean Caheragh.«

Die junge Frau hatte bisher geschwiegen. Jetzt begann sie zu lächeln. »Sie haben sich bestimmt Sorgen um uns gemacht«, sagte sie. »Wir sind spät dran, nicht wahr?«. Sie war noch sehr jung. Ihr Begleiter lachte dazu. »Es hat sich gelohnt,« verkündete er, »sehen Sie nur, Nora.« Er hielt ein Netz hoch, in dem sich der glänzende, runde Bogen eines Hechtrückens zeigte.

»Ich sehe und höre«, brummte die alte Frau. Sie nahm das Netz entgegen und betrachtete den Fisch. Er schien ihr zu gefallen. »Ich habe das Frühstück fertig«, sagte sie, »es ist alles fertig.«

Die drei Wanderer liessen sich nicht lange bitten.

Bald darauf sass die Gesellschaft in der verräucherten Küche von Sean Caheragh und seiner Frau Nora und liess es sich schmecken.
»Er kam schon beim fünften Wurf«, berichtete der alte Flickschuster. »Nora-, hörst du? Beim fünften Wurf, meiner Seel'-.« Er schob ein Stück Brot in den Mund und blickte befriedigt in die Runde.
»Beim sechsten Wurf kam er«, widersprach der junge Mann lächelnd. »Sean, erinnern Sie sich ...?«
»Aber das ist doch gleichgültig«, warf die junge Frau ein. Sie wandte sich an den Schuster. »Würden Sie heute Nachmittag wieder mit uns gehen, Mister Caheragh?«
Der Schuster nickte. Dann sagte er mit einem vorsichtigen Blick auf die weisshaarige Frau neben sich: »Das Fischen ist mir das liebste von allem.«
»Das Fischen, das Fischen-« schalt die alte Nora, »als wenn's nichts Besseres zu tun gäbe. Oh Sean Caheragh – wann wirst du endlich vernünftig.« Im gleichen Atemzug aber meinte sie, dass der Hecht gewiss ausgezeichnet schmecken würde. Und davon waren die anderen ebenso überzeugt.

Der Mittag ging, der Nachmittag kam. Draussen stand die Sonne über der Torfheide, und Stein und Strauch flutete in ihrem gelben Licht. Jenseits der Heide, in weiter Ferne, ragte der Kamm des Vorgebirges empor. Manchmal hätte man glauben können, das Tosen der Meeresbrandung gegen die glatten, schwarzen Felsen zu hören. Aber es war der Wind, der unermüdlich über die Heide strich.

Die beiden Menschen in Nora Caheraghs verräucherter Küche schwiegen. Dann war es wieder die junge Frau, die sagte: »Wie schön es hier ist.« Sie hielt den Kopf in ihre Hände gestützt. Ihre Augen glitten nach draussen in die Landschaft hinaus, über das Grüngrau der Heide, das von dem hellen Silberband des Sandwegs in zwei ungleichmässige Hälften geteilt wurde. »Was sagst du Robert?« fragte sie nach einer Weile. »Ist es nicht schön hier?«

Der Mann nickte. Er hatte, als sie zu sprechen begann, zu ihr hingesehen. Jetzt folgte er ihrem Blick durch das Fenster. »Solche Hechte gibt's nicht oft», sagte er langsam. »Wirklich – Irland und anderswo ... ‚s gibt schon hübsche Flecken auf der Erde, Clara.«

»Also war's doch richtig, dass wir nach hier gefahren sind.«

»Ganz bestimmt. Und ich meine, das da wird nicht unser einziger Fisch bleiben.«

»Morgen sollten wir ins Dorf hinunter und die Karte für die Lachse holen. Was meinst du?«

Der Mann nickte. »Am liebsten schon heute. Aber er will nachher noch zum See hinaus...«

In diesem Augenblick öffnete sich knarrend die Tür

hinter ihnen und *er*, Sean Caheragh, der Flickschuster kam in die Küche. Er trug eine alte, verschossene Manchester Hose, die über den Schäften der Gummistiefel hoch gekrempelt war, und ausser einer ebenso alten Wollstrickjacke ein grünes kragenloses Hemd. »Sie schläft«, flüsterte er mit lustigem Augenzwinkern. »Wollen wir gehen?«

»Ja, gehen wir«, kam es ebenso leise zurück.

Eine Minute später standen die drei draussen vor der niedrigen Hütte.

Als ihre Schritte auf dem Sandweg verklungen waren, öffnete sich zum zweiten Mal die Tür zur Küche, und herein kam die alte Nora. Sie hatte geschlafen. Die eine Seite ihrer Schürze war etwas verknittert, und über der Stirn baumelte eine weisse Haarsträhne herab. »Sean Caheragh«, brummelte sie, hinter den Davongehenden herblickend, »einer, der es nicht lassen kann.« Sie machte kopfschüttelnd kehrt und strebte, mehr hüpfend als gehend, auf den dunklen Wandschrank zu. Wieder war es die grüngefärbte Flasche, der ihr Interesse galt. Sie zog den Korken heraus, kniff das eine Auge zusammen und liess die klare, durchsichtige Flüssigkeit in sich hineintauchen. Als sich die Wärme in ihr auszubreiten begann, schloss sie langsam das andere Auge. So stand sie eine Zeit lang reglos, mit sich und der Welt in stiller Eintracht.

Der Weg führte ein Stück hügelan, dann wellte sich das Land in langen grüngrauen Dünungen dem See entgegen. Er war ein schmaler, langer Wasserarm, der wie eine Zunge in den trockenen Sandboden der Heide leckte, selbst anzusehen wie ein sich windendes Lebewesen. Krüppelkiefern und allerlei Buschwerk wuchs an seinen Ufern, und an einer entfernten Stelle sah man die braunen und rötlichen Mauerreste einer Burgruine. Es war sehr still ringsumher. Versteckt hinten in der Heide ertönte dann und wann ein langgezogener Vogelruf.
An seiner höchsten Stelle, bevor der Weg dem See entgegeneilte, machte er einen scharfen Knick; ein Findling, grau und übermächtig wie ein Tier aus der Vorzeit, sperrte sich vor den Wanderern auf. Hier blieb der alte Flickschuster stehen und zeigte mit der Hand zum Wasser hinab. »Wir werden mal das andere Ufer absuchen, glaub' ich.«
»Was ist das dahinten für eine Ruine?« fragte die Frau.
»Das ist O'Seumas' Castle«. Der Schuster kramte bedächtig nach Pfeife und Tabak.
»O'Seumas' Castle?«
»Ja. O'Seumas war ein alter Einsiedler. Ein reicher Mann, der nur von Jagd und Fischfang lebte. Hat mit niemanden Umgang gehabt. Die Leute hier nannten ihn den Roten O'Seumas. Wegen dem Bart.«

Der Schuster hatte die Pfeife gestopft und hielt ein brennendes Streichholz über den Tabak.
»Und was ist aus ihm geworden?« fragte der junge Mann.
»Hm hm-«, paffte der Alte, »man sagt, als es ans Sterben ging, hätte er seine Burg da selbst angesteckt. Das war vor vierzig Jahren. Ich hab' den Brand noch selbst erlebt.«
»Kannten Sie den Roten O'Seumas?«
»Ein bisschen aus der Ferne. Er war der beste Fischer, den man sich denken konnte. Hab' mal gesehen, wie er einen Lachs aus dem Fluss holte. Wog an die dreissig Pfund, der Fisch.«
»Oh«, sagte die junge Frau.
Der Schuster nickte. »Ich hab' auch schon mal das Lied gehört«, fügte er hinzu. »Einmal, ja. Ist schon lange her.«
»Das Lied?« fragten die beiden.
»Das Lied vom Roten O'Seumas. Das er immer sang, wenn er draussen war. Die Leute hier sagten, man habe es bis ins Dorf hinunter gehört.« Der Schuster nahm die Pfeife aus dem Mund und begann zu singen.

Mit wächsern Stirn und steinerm Aug'
Trugen Sie mein Katy zur Tür hinaus-
Zur Türe hinaus, zur Türe hinaus
O mein lieb' Katy, du

Seither frag' ich Wind und Hagelkorn
Doch niemand gibt Antwort mir
Gibt keine Antwort her-
o mein lieb' Katy, du

Nachdem die helle Stimme des alten Mannes verklungen war, herrschte einen Augenblick lang Schweigen. »'s muss Vollmond und Westwind sein«, erklärte er dann. »Sonst kann man den Roten O'Seumas nicht hören.«
»Sie meinen, man kann den Roten O'Seumas noch heute singen hören?« fragte die junge Frau.
»Nur wenn's Vollmond und Westwind ist«, lautete die Auskunft. Der Schuster schulterte die lange, braune Angelrute und begann weiterzugehen. »Wir werden heute das andere Ufer nehmen«, fügte er hinzu. »Kommen Sie.«
Der Rest des Weges wurde schweigend zurück gelegt. Es schien, als sei das Lied vom Roten O'Seumas nicht verklungen, als habe es der Wind ein Stück des Weges hinabgetragen und trüge es nun zurück – nur feiner, vermischt mit dem Rascheln des Heidekrauts. *Seither frag' ich Wind und Hagelkorn...*
Die gedrückte Stimmung, die sich auf die kleine Gesellschaft zu legen schien, verflog aber ebenso rasch, wie sie gekommen war.
»Sie, Clara, setzen sich wieder auf die Heckbank«,

rief der Schuster, als man den grün gestrichenen Nachen am Seeufer erreicht hatte, »und Sie, Robert, übernehmen die Riemen.« Er sprang in das Boot und begann die Ruten herzurichten. Wenige Augenblicke später trieben sie auf dem Wasser.

Es wurde ein Nachmittag voller Gesang und Lachen. Der alte Flickschuster erwies sich als ein Meister im Geschichten erzählen. »Die Geschichte von Paddy York«, begann er, als sie in einer dunkelgrünen Schilfbucht lagen. »Paddy York war der beste Whiskeybrenner in ganz Connemara. Er kannte alle Geheimnisse dieser Kunst. Glauben Sie mir – nichts, aber auch gar nichts gab es, was man ihm Neues hätte darüber berichten können. Er war-«, und hier suchte der Schuster nach einem ihm passend erscheinenden Ausdruck-, »er war ... er war ein Genie. Jawohl, ein Genie«, bekräftigte er. »Nur ein Problem gab es für den guten Paddy«, fuhr er mit gesenkter Stimme fort, »und das bestand in dem Rauch, der beim Brennen entsteht. Denn leider besass damals im Dorf niemand die Lizenz fürs Brennen. Nun ja-.« Der Schuster beschäftigte sich einen Augenblick lang mit dem Säubern seiner Pfeife. »Der Rauch war Paddys Problem«, nahm er dann den Faden wieder auf. »Denn die Polizei hatte damals auch schon Nasen. Jeh – was soll ich sagen?

Schliesslich hatte er es herausgefunden, wie's am besten zu machen sei. Und wissen Sie wie er's machte?«
Die beiden schüttelten die Köpfe.
»Ich will's Ihnen sagen.« Der Schuster beugte sich vor. Seine Augen begannen zu zwinkern. »Er stellte zwei kleine Jungens an«, erklärte er langsam, »die mussten den Rauch in Säcke schaufeln und zum See hinuntertragen.«
Es dauerte eine Weile, bis die drei sich beruhigt hatten. Dann fuhren sie weiter. An einer steil abfallenden Uferkante bekamen sie dicht vor dem Schilfsaum einen Biss. Der Fisch war gut. Er kämpfte in fünfzehn Fuss Tiefe gegen die Leine. Als er heraufkam, sahen sie ihn. Es war ein schwarzer Hecht, wie sie ihn den tiefen Seen leben.
»Der wird noch besser schmecken, als der von heut' morgen«, stellte der Schuster sachkundig fest.
»Wie hübsch das Tier ist«, meinte die junge Frau, als der Fisch im Boot lag. »Eigentlich schade...«
Der Schuster nickte. »Leben und Sterben...«, sagte er. Dann aber stimmte er plötzlich ein lustiges Lied an, das Lied von der Maria, einem Hirtenmädchen, das sich auf die Begegnung mit ihrem Liebsten freut.

Sag, liebe gute Sonne, du
Heut' musst du schneller von mir gehen,
musst schneller gehen, musst schneller gehen,

denn mit dem ersten Mondenstrahl
wird' ich mein' Robert wieder sehn,
wird' ich mein' Robert wieder sehn-

Die beiden jungen Leute lauschten auf die Stimme des Schusters. Sie sahen das Ufer vorübergleiten, die Erlen, die Heide weiter hinten, das Gras, und mit einem Male schien ihnen alles recht unwirklich zu werden, so, als träumten sie nur, als wäre das Wasser und ihr Boot und der Schuster und überhaupt alles eigentlich gar nicht vorhanden, als könnte sich das Bild bei der leisesten Berührung auflösen und in die Ewigkeit eintauchen. Bis dann wieder ein plötzlicher Anbiss kam und die Schnur sich straffte und in die Tiefe zog.

Sie blieben den Nachmittag über auf dem Wasser. Gegen Abend befanden sich fünf Hechte im Netz, einer so dunkel wie der andere. Als sie das Boot auf den Strand hinaufzogen, funkelten schon die ersten Sterne vom Himmel herab. Die Heide war schiefergrau, und lange Wolkenschatten geisterten wie Finger über die Landschaft. In der Ferne ertönte das Pfeifen der jagenden Nachtschwalben.
»Ich freue mich, dass wir hierher gefahren sind«, sagte die junge Frau. Sie lächelte.
Der Man nickte. »Ja«, antwortete er, »ich freue mich

auch.« Er sah die Umrisse des Schusters vor sich, den Sandweg, der jetzt am Abend wie von einem Silberschein übergossen da lag, und jede Kleinigkeit kam ihm bemerkenswert vor.

Irland und anderswo – solange es Landschaften gab wie diese, solange es Seen gab und stille Heiden und erlenbewachsende Ufer, solange es einen Himmel gab mit Wolken und Sonnenschein – solange lohnte sich das Leben.

Er lächelte. Dann sah er die Hütte der Schustersleute hinter der Wegbiegung auftauchen, und das rötliche Licht hinter den Fensterscheiben erschien ihm wie ein fröhlicher Willkommensgruss.

»Ja«, sagte er zu der jungen Frau, »es war gut, dass wir nach hier gefahren sind.«

Johannes mit der blauen Mütze

Johannes wohnte in der Schreberkolonie hinter dem Ziegelteich. Von seinem Fenster aus hatte er Aussicht auf die rostigen Gleisanlagen der stillgelegten Fabrik. Er wohnte in einer grünen, doppelwandigen Hütte mit Kochnische und kleiner Veranda hinten heraus, gross genug alles für eine Einzelperson. Und Johannes wohnte allein. Früher einmal war jeden Morgen eine Frau in die Hütte gekommen, Maria, die aus Ostpreussen stammte und bei Johannes sauber machte. Aber dann kam sie eines Tages nicht mehr. Denn Johannes, so sagen die anderen Schreber, ist ein Querkopf, und ihm geschähe nur recht, wenn er allein in der Hütte leben müsse. Was soll eine Frau mit einem Mann, der nur seine Fische im Kopf habe und sonst nichts weiter?

Johannes entgingen solche Reden nicht, aber er machte sich aus ihnen kaum etwas. Er war an die sechzig. Genaueres wusste man von ihm nicht, und er hatte immer ein Leben geführt, wie es ihm als das beste erschienen war. Zwar vermisste er manchmal die singende Stimme Marias, den Duft von Bohnerwachs und Seifenpulver, der sie wie eine Gloriole zu umgeben pflegte, doch wenn er draussen am Ziegelteich sass, vermisste er nichts. Und dort draussen am Ziegelteich sass Johannes bei jedem Wetter und angelte auf Plötzen, Barsche und Hechte und was es sonst noch an Fischen im Ziegelteich gab. Aber noch etwas anderes gab es, an das Johannes oft denken musste.

Einmal, eines frühen Morgens, als ich in der Kühle neben ihm auf dem Badesteg sass und auf Plötzen angelte, begann er zu reden.

»Man müsste einen Kiosk haben«, sagte er aus heiterem Himmel, «mit Zigaretten und Bier und Zeitungen. Das wäre gut.«

Ich wartete eine Weile, aber er schwieg. »So ein Kiosk müsste an der Hauptstrasse liegen«, meinte ich schliesslich, »mit Laufkundschaft, die was bringt. An der Bushaltestelle, wo die Leute warten und ein- und aussteigen.«

»Und Lotto und Toto müsste mit dabei sein«, fügte er schnell hinzu. »Da hätte man immer seinen guten Verdienst.« Er nahm seine Mütze ab, betrachtete nachdenklich das Abzeichen der Kaiserlichen Marine und setzte sie wieder auf. Dann sah er nach, ob der Wurm noch nicht abgefressen war.

»Vielleicht sollte man eine Annonce in die Zeitung setzen«, sagte ich. »Kiosk von älterem, zuverlässigen Herrn gesucht. Erbitte freundliche Zuschriften...«

»Bootsmann Martens hat einen«, sagte er, den Schwimmer etwas zu den Pfählen heran ziehend, »der macht sein Geschäft.«

»Fünftausend Mark würden genügen«, sagte ich darauf, »wegen der Kaution, das alles klappt. Sicherheit wollen die immer.«

»Die hätte ich schon«, antwortete er. »Aber ich weiss nicht.«

Wir sassen in der hellen Morgensonne, und die Bohlen auf dem Badesteg waren schon ein wenig warm. Es war ein Sonnabend in der Frühe, und auf dem weissen Sand hinter dem Steg lag ein junger Mann mit seiner Freundin. Er hatte ein Kofferradio dabei, das in einem fort spielte, und manchmal hörte ich sie lachen. Sonst war alles sehr still, wie es nur den frühen Sommermorgen sein kann, wenn es noch keine acht Uhr ist und die Leute noch beim Kaffeetrinken sitzen.

»Ich weiss nicht«, sagte Johannes nach einer Weile wieder, »man müsste mindestens fünf oder sechs Biersorten haben. Und mindestens zwanzig verschiedene Zigarettensorten fürs Aussuchen.«

»Und Brause und so was«, fügte ich hinzu. »Für die Kinder. Die bringen auch was.«

»Die bringen ganz schön«, sagte er. »Auch mit Lollies und Lakritzen.« Er legte eine Hand auf den Rutengriff und begann die Schnur vorsichtig auszuheben. Als der Schwimmer ganz wegtauchte, schlug er kurz an. Wieder klapperte ein Barsch durch die Luft und landete hinter uns auf dem Steg.

»Bravo«, rief das Mädchen vom Strand her. »Bravo.« Sie wollte aufstehen und auf den Steg kommen, aber der Junge hielt sie zurück. »Bleib bitte hier«, sagte er, »du verjagst denen bloss die Fische«. Er war hellblond und etwas mager, und er machte einen sympathischen Eindruck. Seine Art, wie er der Musik zuhörte, war nett.

»Man könnte von eins bis drei zumachen«, sagte Johannes. »Um diese Zeit ist doch nie viel los.«

»Aber morgens müsste man schon ab sechs aufhaben«, antwortete ich. »Wegen der Leute, die zur Arbeit gehen und Zeitungen und Zigaretten haben wollen. Morgens ist das Hauptgeschäft.«

»Dafür könnte man abends schon rechtzeitig zumachen«, sagte er. »Wenn man die Pacht und das andere abrechnet, hat man vielleicht fünfhundert Mark.«

»Das wäre nicht schlecht«, sagte ich.

»Ganz bestimmt nicht«, bekräftigte er. Und man käme immer mit den Leuten zusammen. Das ist auch was wert.«

Die Musik hinter uns verstummte, und dann ertönte die knarrende Stimme des Ansagers. Er sagte etwas auf Englisch. Gleich darauf setzte wieder Musik ein.

Auf der anderen Seeseite schüttete eine Frau Wasser aus. Sie hatte ein helles Kopftuch um und sah einen Augenblick zu uns herüber. Dann ging sie zurück ins Haus.
»Deine Pose ist weg«, sagte Johannes in die Stille hinein. »Da ist was dran.«
Ich hob die Rute aus, und wieder kam ein Barsch durch die Luft. Er war ungefähr gleich gross wie die, die wir schon hatten. Grosse Barsche gab es nur wenige im See. Das Wasser war nicht tief und klar genug.
»Ich würde nur bei Dir kaufen«, sagte ich. »Und viele andere hier aus der Gegend auch, glaube ich.«
»Es müsste nur an der Hauptstrasse gelegen sein«, meinte er. »Und nicht so hohe Pacht. Das macht den kleinen Mann kaputt.«
Er sah zu, wie ich den Barsch abhakte und ihn zu den anderen in den Setzkescher tat. Es war unser sechster Barsch. Einige Plötzen waren dabei. Die Fische bekam Johannes. Das machten wir immer so. Er briet sie sich auf dem Herd, und was dann noch übrig blieb, bekam die rotbunte Katze.

Als das Netz ins Wasser zurück sank, quirlte es einen Augenblick lang weiss und schaumig auf. Weiter entfernt schlug ein Fisch. Man sah den Ring, das kräuselnde Wasser, in dem die Sonne glitzerte. Dann war es still wie vorher.

»Ich muss mal sehen«, sagte Johannes. Vielleicht sollte man wirklich eine Anzeige aufgeben. Kiosk gesucht. Pacht oder Leibrente.«

»Von zuverlässigem Herrn«, fügte ich hinzu. »Das wirkt immer.«

»Aber bei keinem Makler. Von Privat an Privat. Das ist immer das Beste.« Er nahm seine blaue Mütze ab und legte sie vor sich auf den Badesteg. Das Abzeichen glänzte hell in der Sonne. »Und eingeführt muss er sein«, fügte er hinzu.

Das Radio hinter uns wurde leiser. Als ich mich umdrehte und hinsah, winkte das Mädchen. Ich lächelte, aber dann sagte der Junge etwas zu ihr, und ich guckte schnell weg.

»Wenn alles klappt, würde ich ein Boot kaufen«, fing Johannes wieder an. »Das habe ich mir schon immer gewünscht. Als kleiner Geschäftsmann würde ich mir so etwas leisten können. So ein Boot mit Fischkasten. Dann könnte man auch mal drüben am Schilf entlang angeln.«

Das wäre gut«, sagte ich. »Da drüben fängt man allerhand.«

»Ich will wetten, dass da auch Hechte sind«, nickte er. Mit einem Boot wäre das kein Problem. Ich würde dich immer mitnehmen. Du könntest hinten sitzen und ich auf der zweiten Bank. Oder wir wechseln uns ab.«

»Das wäre eine feine Sache«, sagte ich.

Er nickte. »Und ob. Wir könnten allerdings nur abends angeln. Ich müsste ja aufs Geschäft aufpassen, nicht? Mal sehen, vielleicht gebe ich die Annonce schon für Sonnabend auf.«

Ich sah ihn neben mir sitzen, mager, braun im Gesicht und auf den Händen, mit seinem weissen Haar, das einen Stich ins Grau hatte. »Ich würde immer für die Würmer sorgen«, sagte ich. »Weil du dann nicht mehr so viel Zeit hättest. So ein Kiosk macht Arbeit.«

»Das macht er«, sagte Johannes. »Aber ein Boot würde dabei abfallen. Und was meinst du, was wir dann fangen würden.« Er legte die Betonung auf »dann«, und ich wusste was er meinte. Denn die guten Fische stehen an der Schilfkante; ich hatte sie oft genug schlagen hören, frühmorgens, wenn der Nebel noch auf dem Wasser liegt, wenn die Strassenlaternen noch brennen, lange bevor die Sonne hinter den Schrebergärten aufgeht.

Es handelt sich um gute Fische, Hechte auch wahrscheinlich, grünrückige Tiere mit gelben Bäuchen, dann und wann wohl auch Schleien, kupferfarbene Heimlichtuer, die die Schilfkante abweiden.

»Ach ja«, sagte ich, »so ein Boot, das wäre nicht übel.«
»Aber die Pacht darf nicht zu hoch sein«, sagte Johannes langsam.
Dann schwiegen wir, und ich hörte der Musik zu. »Dududu«, trällerte die Stimme, und dazwischen ertönte das dunkle Zupfen einer Gitarre. Als ich mich umsah, sah ich das Mädchen im Sand liegen und mit den Beinen in der Luft stochern. Der Junge sass neben ihr und las in einem Buch. Ich sah ihnen eine Weile zu, ohne dass die etwas merkten. Aber dann kamen plötzlich von der Strasse her ein paar Kinder mit Handtüchern und einem Gummiball, und die Frau, die hinter ihnen ging, trug einen Bademantel über dem Arm.
»Du«, sagte ich zu Johannes, »die wollen hier baden.«
»Meinetwegen«, meinte er, »Ich wollte sowieso Schluss machen. Kommst du mit?«
»Ja«, antwortete ich, »die beissen jetzt wohl nicht mehr.«
Wir packten die Ruten und das andere Zeug ein, und die Fische schüttete Johannes in seinen Kessel. Als wir an den beiden mit dem Radio vorbei gingen, dreh-

te sich das Mädchen um und sah uns an. Sie war vorn auf der Stirn von der Sonne verbrannt;
die Haut war rot, wie entzündet. Ich nickte ihr zu, aber dann guckte sie weg.
»Wie ist es mit heute abend?«, fragte Johannes auf der Strasse. »Wollen wir auf Aal?«
»Mal sehen, wie das Wetter wird«, meinte ich. »Ich sag´dir noch Bescheid.«
Er verschwand hinter den Hecken der Schrebergärten.
Heute lebt Johannes nicht mehr in der Schreberkolonie, er hat eine Einzimmer-Wohnung mit Bad und Kochnische, und sein Kiosk am Bahnhof geht allerbestens. Ich bekomme das Bier etwas billiger bei ihm, auch Zigaretten, weil ich es bin. Ein Boot hat Johannes noch nicht. Frage ich ihn danach, schiebt er die blaue Mütze aus der Stirn und sagt:»Eines Tages ist es soweit. Du wirst schon sehen.«
Worauf ich immer antworte:»Dann werden wir endlich die Grossen fangen.«
Und während er mir das Bier und die Zigaretten gibt, nickt er und sagt: »Ganz bestimmt werden wir das.«

»Ich war kein einziges Mal drüben«, sagte der kleine Mann. »Kein einziges Mal. Aber ich könnt´mir schon denken, wie´s da drüben aussieht. Zum Beispiel die Palmen. All die vielen Palmen da... Oder nimm´mal den Strand. Einen ganzen Strand für dich allein.« Er ruckte Gedanken verloren an der Angelrute, die neben ihm im Gras lag. Und dann gibt´s natürlich jede Menge Haie«, fügte er hinzu. »Soviel du nur willst.«
»Und wenn du Interesse hast, kannst du auch immer so eine braune Freundin haben«, meinte sein Nachbar. »Ach...«
Die beiden Männer sassen auf der gemauerten Ufereinfassung und liessen die Beine baumeln. Jedes Mal, wenn der kleine Mann mit seinen Schuhabsätzen gegen die Steine schlug, rieselte Sand zwischen den Fugen hervor und fiel ins Wasser.
Sie angelten auf Plötzen und Barsche und was es sonst noch im frühen Herbst in der Alster zu angeln gibt. Vor ihnen lag das graue Wasser mit den weissen

Schwänen darauf und mit den ebenso weissen Fährbooten, die wie kleine saubere Papierdrachen aussahen.
Es war noch zeitig am Morgen, noch keine sieben Uhr vorbei, und Hamburg war gerade erst aufgestanden. Hinter den beiden Männern zog sich eine Strasse hin; Autos tosten in ihrem Rücken vorüber, Strassenbahnen klingelten, eine Sirene schrillte, und von der Elbe her drang das dumpfe Hämmern eines Schiffsmotors. Es war ein etwas nasskalter Morgen mit treibenden Wolken. Zischen den Bäumen am Ufer hing eine blässliche Dunstschicht.
Die beiden Männer sassen nebeneinander und sahen auf das Wasser. Sie trugen gummierte Regenmäntel und rauchten. Der kleine Mann rauchte Pfeife. Er trug einen Hut, den er sich aus der Stirn geschoben hatte, weil das vielleicht flotter aussah. Seine Augen hingen interessiert an den bemalten Schwimmern, die im Kielwasser der Fährboote auf und nieder dümpelten. Sein Nachbar betrachtete das jenseitige Ufer, die Häuser, die Strasse mit den Trauerweiden zur Wasserseite hin und den braunhölzernen Anlegesteg des Segelclubs. Ab und zu holte er die Angelschnur heraus und prüfte den Köder.
»Oh – das wär´schön«, sagte der kleine Mann nach einer Pause. »Das wär´s – das wär wie ein Traum. Costa Rica...«

Sein Nachbar nickte. »Ich hab´gehört, dass da noch andere Sachen als nur Haie sind«, sagte er. »Zum Beispiel Kingfish und all so was.«
»Da? Da gibt´s so ziemlich alles, was man will. Kingfish und... und Baracuda und noch ganz andere Sachen.« Der kleine Mann zog einige Male an seiner Pfeife. »Du, jeden Tag scheint die Sonne«, fügte er hinzu. »Nicht so wie hier, wo´s mehr regnet als sonst was.«
»Ich seh´s manchmal direkt vor mir«, sagte der andere Mann langsam. »Ehrlich, ich seh´s! Ich seh´ Hütten mit Strohdächern, und Sand, jede Menge Sand... so weiss wie Schnee, der ganze Strand ganz weiss, und ... und vor dem Strand seh´ ich das Wasser mit´m grossen weissen Motorboot drauf... Ach.« Er lachte. »Aber kannst mir glauben – das seh´ ich ziemlich deutlich. Man darf´s nur niemandem sagen. Die würden einen glatt für verdreht halten.«
»Verdreht, verdreht«, äffte der kleine Mann nach. »Unsinn! Als wenn's verboten wäre, wenn man sich was vorstellt. Weshalb sollte man das nicht, wie? Könnt' ja sein, dass wir wirklich mal rüberkämen, oder? Brauchst bloss mal nächsten Samstag im Lotto zu gewinnen. Stell dir mal vor, du gewinnst jetzt! Oder ich. Sagen wir mal, ich hätte jetzt plötzlich zweihunderttausend Mark. Was meinst du wohl, was wir dann täten, wie?«

»Ich glaub´, wir würden rüberfahren«, sagte der andere Mann.
»Und ob! Für zwei, drei Monate gleich. Worauf du dich verlassen kannst!« Der kleine Mann klopfte die Pfeife aus. Mit einem Auge hatte er den Schwimmer beobachtet, der gerade wieder untertauchte. Er schlug an, und heraus kam ein eben handlanger Barsch.
»Da«, sagte er, indem er den Fisch vom Haken befreite und in den Zinkeimer hinter sich fallen liess, »da – guck´dir das an. So´n Zeugs fängst du. Und man könnte ganz was anderes aufstellen.«
Der andere nickte. »Kingfish«, sagte er. »Ich hab´ gehört, die sollen sehr stark sein. Man sitzt hinten im Boot auf einem Stuhl und ...«
»Kampfstuhl«, erklärte der kleine Mann. »So – pass auf.« Er legte sich die Hände um den Bauch. »So bist du angeschnallt auf dem Stuhl. Richtig mit´m Lederriemen. Und für das Handstück von der Rute gibt es so eine Art Hülse, damit du den Stock nicht immer zu halten brauchst. Natürlich ist die ganze Zeit über deine Bremse von der Rolle festgedreht, verstehst du? Du könntest ja wohl nicht´n paar Stunden lang fünf Pfund Fleisch hinter dir herziehen, ja?«
»Festgedreht? Und wenn was anbeisst?«
»Wenn was anbeisst, muss man natürlich die Bremse aufdrehen. Das ist doch klar.«

»Aha«, sagte der andere Mann, »verstehe. Man muss also nur gut aufpassen, bis was anbeisst. Die ganze Arbeit macht dann das Boot.«
»Genau.«
Der kleine Mann warf die Rute aus. Die Schnur beschrieb einen Bogen in der Luft, blieb für einen kurzen Augenblick lang wie reglos stehen, dann fiel der Schwimmer mit einem leisen Schnalzen ins Wasser ein. Er hatte eine gelblackierte Spitze und war noch aus einiger Entfernung gut zu erkennen.
Der kleine Mann spulte die durchhängende Schnur auf und legte die Rute neben sich auf das Mauerwerk. Dem Fährboot, das querab vor ihnen durch den diesigen Morgen furchte, schenkte er keine Beachtung. Es hatte den Anschein, als betrachte er ein inwändiges Bild, und der heimliche Glanz in seinen Augen liess vermuten, dass es sich um ein Bild von grosser Schönheit und Farbenprächtigkeit handelte. Vielleicht sah er das Meer draussen vor Costa Rica, die grünen Wellen, vielleicht war Blau dazwischen, das Blau des Himmels in den Tropen, mit sanft schwebenden Wolken betupft...
»Weißt du«, sagte er, als der Schwimmer an seinem richtigen Platz lag, »weißt du, ´s muss schön sein. Einfach schön.«
Der andere Mann nickte.
»Und wenn es Abend wird«, fuhr der kleine Mann

fort, »dann sitzt man in irgendeinem Cafe und trinkt Eisgekühltes und unterhält sich und guckt aufs Wasser hin...«

»Und in den Büschen hinterm Haus singen die Zikaden.«

»Genau. Sie singen, bis es dunkel wird.«

»Dann ist die Nacht da«, sagte der andere Mann. »Diese herrliche Tropennacht mit´m Kreuz des Südens.«

»Es wird manchmal mächtig heiss sein in der Nacht«, antwortete der kleine Mann. Aber da hast du das Moskitonetz und die kalten Getränke, die der Boy bringt.«

»Und am Haken im Badezimmer hängt immer deine Ausrüstung. So eine Rolle zum Beispiel...« Der andere Mann wölbte die Handflächen, um die Grösse anzuzeigen. So gross. Und die Schnur mindestens so stark.«

»Morgens würden wir natürlich immer schon vor Sonnenaufgang los«, meinte der kleine Mann. »Wir würden wenig zu uns nehmen, damit wir gut in Form sind. Leichte Sachen...«

»Aber wir würden dem schwarzen Bootsmann immer was vom Bier abgeben.« Der andere Mann zündete sich eine neue Zigarette an. Er betrachtete einen Augenblick lang die Glut, die sich in den Tabak einfrass. »Diese eingeborenen Fischer wissen nämlich ganz genau, wo die grossen Sachen stehen«, fügte er wie als Entschuldigung hinzu. »Da lohnt sich so ein Bier.«

»Sicher lohnt sich das«.

Der kleine Mann hatte zugesehen, wie sich der gelbe Schwimmer in die Tiefe bewegte. Als er anschlug, zappelte ein weiterer Barsch durch die Luft. Er hakte den Fisch ab und liess ihn in den Eimer eintauchen. Gleich darauf trieb der Schwimmer wieder im Wasser. Sicher lohnt sich das«, wiederholte er. »Diese schwarzen Bootsführer wissen ziemlich genau, wo die grossen Sachen zu finden sind. Die Segelfische und die Baracudas und die Schwertfische und so.«

»Mensch – ich wollte, ich wäre schon drüben«, meinte der andere Mann. »Dann könnten wir so richtig loslegen. So auf Schwertfisch, das wär´was, nicht?«

»Sicher wär´das was. Auch auf Baracuda und auf Segelfisch. Und das den ganzen Tag. Und immer Sonne und immer im Boot. Den ganzen Tag draussen...«

»n´ganzes Stück draussen, wo man nur noch einen Streifen Dunkles vom Land sieht.«

»Und wenn die grossen Albatrosse um das Boot herum sind...«

»Und vor allem immer Sonne. Sonne, so viel du nur haben willst.«

Die beiden Männer unterhielten sich noch eine Weile in dieser Art. Um neun Uhr, als der Berufsverkehr verebbte und die Strassen leerer wurden, brachen sie auf. Der kleine Mann trug seinen Rucksack über dem Arm. In der anderen Hand trug er das Rutenfutteral. Er wirkte im gehen noch kleiner, als er es schon war. Der andere Mann trug den Eimer und eine dunkelgrüne Tasche. Er hatte seinen Angelstock mit einem roten Gummi zusammen gebunden. Sie gingen hinauf bis zur Bushaltestelle, an der eine alte Frau und ein kleiner Junge warteten. Der Junge stellte sich neben den Mann mit dem Eimer und sah zu ihm auf. Er wollte fragen, ob man die Fische essen könnte und wie sie hiessen und so weiter. Als die Frau ihn rief, machte er widerwillig kehrt und ging zurück.

»Also«, sagte der kleine Mann zu seinem Begleiter, »ich seh´dich ein andermal.«

»Bis dann«, sagte der andere Mann. Er sah dem kleinen Mann nach.

Der kleine Mann überquerte die Strasse und ging langsam davon. In seinen Augen leuchtete es. Denn das, woran er dachte, erfreute ihn. Er sah die Küste Costa Ricas vor sich, ein weisses Boot, und grün waren die Wellen, dunkelgrün weiter draussen, und heller nahe zum Strand hin, wo das Wasser flach und schaumig wurde; der Himmel darüber spannte sich hellblau aus, betupft mit kleinen, ziehenden Wolken. Dort, wo er von der Hauptstrasse abbiegen musste, sah er für einen kurzen Augenblick lang einige Hütten stehen, Palmen wiegten sich im Wind, und aus der Ferne drang der leise Rhythmus einer Rumba.

Dieses Geschehen beflügelten seine Schritte, und als er vor dem Treppenhaus zu seiner Wohnung stand, war er fast ausser Atem. Es schien ihm, als träumte er. Und doch wusste er, dass er sich auf dem Boden der Wirklichkeit befand. Denn einmal, das war sicher, einmal würde er Costa Rica sehen und auf Hai und Schwertfisch angeln, auf all die Fische, die das Herz eines Anglers in Entzücken versetzen. Einmal, ja.

Mit dieser Gewissheit nahm er die erste Treppenstufe.

Eine Einladung

Meine geschäftlichen Anliegen führen mich nicht selten in die Enge der Innenstadt, viel zu oft eigentlich, wenn man die kostbare Zeit bedenkt, die auf der Suche nach einem geeigneten Parkplatz verloren geht. Doch immer dann, wenn ich bei Krögers & Sohn zu tun habe, verschliesse ich mich für fünf Minuten der Unrast des Alltags und schaue bei C.D. herein. C.D. (ich wähle dieses Pseudonym mit Bedacht) handelt mit Angelgeräten en detail. Sein Geschäft befindet sich in nächster Nähe von Krögers & Sohn, und so fällt es mir nicht schwer, das Berufliche mit dem Privaten zu verbinden. Ich lasse es zumeist mit einem Blick in die Auslagen gut sein; die kunstvolle Anordnung der bunten Balsaholzschwimmer, der glänzenden Blinker und Haken, der Ruten, Rollen und Schnüre erfreut mich in ausreichendem Masse, erweckt Vorstellungen, die ich nur als angenehm bezeichnen kann.

An jenem Freitagmorgen allerdings führte mich ein mehr handfesteres Vorhaben zu C.D.: mir fehlte es an 14er Haken (mit Platte), zudem benötigte ich dringend, ja dringendst, eine Portion Maden.
Ich wählte die frühe Vormittagsstunde zwischen neun und halb zehn nicht ohne Absicht, doch wie es so wollte, schlüpfte nur wenige Schritte vor mir ein rotgesichtiger Herr durch die Tür, kam mir solchermassen zuvor.
Beim Schellen der Glocke trat der junge Grünrock, C.D.s Verkäufer, aus dem Nebenraum hervor und legte sein verständnisvolles Pferdegesicht hurtig in diagonale Fältchen. »Guten Morgen«, tönte es uns entgegen, »womit kann ich Ihnen dienen?«
Dieses war an den Rotgesichtigen gerichtet, der ohne Zögern darauf einging.
»Ich brauche eine Angel«, erklärte er kurz heraus. »Etwa drei Meter lang oder vier.«
»Eine Angel«, wiederholte der Grünrock zögernd, »was sollte es denn sein, mein Herr? Glasfiber? Oder vielleicht eine Rute aus Pfefferrohr? Dachten Sie an was Bestimmtes?«
»Vielleicht«, entgegnete der so Gefragte mit Bestimmtheit, »könnten Sie mit einmal ein paar Angeln zeigen?«
»Aber gewiss», beeilte sich C.D.s Verkäufer, »einen kurzen Augenblick, der Herr.« Er öffnete eine glä-

serne Schiebetür und breitete in Sekundenschnelle vier, fünf Angelruten auf dem Tisch vor sich aus. Der Rotgesichtige trat einen Schritt näher. »Was kostet diese hier?« erkundigte er sich, mit dem Finger auf eine mittelschwere Hohlglasrute tippend.

»Achtundvierzig«, verkündete C.D.s Verkäufer ohne Überlegung, »eine sehr schöne Rute, mein Herr.«

»Das glaube ich«, sagte der Rotgesichtige, wobei sich Erstaunen auf seinem Gesicht ausbreitete, »aber achtundvierzig? Viel zu teuer. Darf ich fragen, was diese ... äh ... Angel so teuer macht?«

C.D.s Verkäufer legte die Handflächen ineinander und verzog das Gesicht zu einem höflichen Lächeln. »Diese Rute«, erklärte er mit gesenkter Stimme, »ist das Erzeugnis einer weltweit bekannten Firma, mein Herr. Sie verstehen – Erfahrung im Bau von Angelgeräten. Nicht wahr – jede Bindung, jeder einzelne Ring, hier ... sehen Sie selbst –, überhaupt, jedes Teil an dieser Rute ist ... häm ... ist Präzisionsarbeit. Präzisionsarbeit, verstehen Sie? Achtundvierzig für eine solche Arbeit ist ...häm ... ich darf wohl sagen, mein Herr, nicht zu teuer. Oh-«, und hier machte er eine bedeutsame Pause, »oh, wir haben natürlich auch Ruten, die preisgünstiger sind, bedeutend preisgünstiger. Wenn Sie mal diese hier...«

»Hm«, machte der Rotgesichtige, und noch einmal: »Hm.«

C.D.s Verkäufer verstummte augenblicklich. »Sie meinen?« erkundigte er sich.
»Hm«, entgegnete der Rotgesichtige, »hm, ich werde diese... äh ... Rute wohl nehmen. Oder, halt – was meinen Sie dazu. Mein Herr?«
Die Frage war an mich gerichtet und kam, ich gestehe es, etwas überraschend. »Was soll ich sagen«, antwortete ich. »Die Rute ist gewiss nicht übel. Nur...«
»Nur?« Die Augen des Rotgesichtigen packten mich wie eine Kneifzange.
»Nur müsste man wissen, auf was Sie damit angeln wollen«, vervollständigte ich den Satz. »Man könnte schwerlich mit einer – sagen wir, mit einer Hechtrute auf Plötzen angeln. Ich meine...«
»Ist dieses denn eine Hechtrute?« unterbrach er.
O nein«, schaltete sich C.D.s Verkäufer rasch ein, »Sie entschuldigen ... O nein, dieses ist eine Gebrauchsrute, wie man zu sagen pflegt. Eine Rute mittlerer Aktion.« Er warf mir einen undurchdringlichen Blick zu, den ich mir nicht recht erklären konnte, aber ich sagte nichts dazu.
»Nun«, liess der Rotgesichtige sich wieder hören, »eine Gebrauchsrute, sagen Sie. Das wäre genau das Richtige für mich. Ich habe da - «, und bei diesen Worten wandte er sich zu mir, »ich habe da vor kurzem einen See gepachtet. Horrender Preis, kann

ich nur sagen, aber alles in allem recht ordentliches Gelände. Wochenendbaugrund, Sie verstehen?«

»Ich verstehe«, nickte ich, obwohl ich, um hier bei der Wahrheit zu bleiben, nicht das Mindeste verstand.

»Sehen Sie«, fügte er hinzu, »und nun wollte ich mich ein wenig aufs Fischen verlegen. Ich weiss zwar nicht, was alles drin ist, aber Hechte sollen es auch sein. Hechte und grosse Braffen...«

»Brassen«, verbesserte C.D.s Verkäufer, »Sie entschuldigen.«

»Brassen – richtig«, lächelte der Rotgesichtige. «Sie brauchen sich nicht zu entschuldigen, junger Freund. Man lernt gern dazu, nicht wahr?« Er nickte zu mir hin, und ich nickte zurück.

»Vielleicht sollten Sie diese Rute nicht nehmen«, sagte ich zu ihm (der Teufel mag wissen, wie ich dazu kam), vielleicht sollten Sie anstelle dieser eine Vollglasrute nehmen.«

»Der Herr meint, dass eine solche Vollglasrute stabiler ist«, beeilte sich C.D.s Verkäufer. Diese hier zum Beispiel. Das Erzeugnis einer über die Landesgrenzen hinaus bekannten Firma.«

»Sie meinen?« sagte der Rotgesichtige, die Rute unentschlossen in Augenschein nehmend.

»Genau das Richtige«, half ich ihm. »Stabil, unverwüstlich.«

»Oh«, meinte er, »stabil, unverwüstlich, sagten Sie? Dann sollte ich sie nehmen. Wenn ich da an meine Töchter denke. Zwölf und vierzehn Jahre. Wildes Volk, sage ich Ihnen nur.«

»Dann sollten Sie diese Rute wirklich nehmen«, sagte C.D.s Verkäufer.

»Wenn Sie meinen.«

»Nehmen Sie sie«, sagte ich.

»Gut«, entschloss sich der Rotgesichtige, »gekauft! Wissen Sie, mir kommt es vor allem auf Stabilität an. Stark soll sie schon sein...«

»Hechte«, nickte C.D.s Verkäufer.

»Auch«, antwortete er, »Hechte und grosse Braffen.«

C.D.s Verkäufer räumte die unverkauft gebliebenen Ruten zurück in den Glasschrank. Sein Gesicht hatte sich leicht gerötet. »Da ist die goldrichtig«, fügte er hinzu. »Glauben Sie mir. Da können Sie ein Zehnpfundgewicht von heute Mittag bis morgen früh anhängen, und da passiert nicht das Mindeste. Darf es sonst noch etwas sein, mein Herr?«

»Ein bisschen Schnur«, nickte der Rotgesichtige. »Und dann hätte ich gern so einen Proppen da.«

Er erstand zweihundert Meter 0,35er, ein Päckchen Stahldrahtvorfächer, zwei Schachteln Haken, ein Patent-Senknetz und einen Patent-Köderfischkessel sowie ein halbes Dutzend Blinker, ein halbes Dutzend fertig montierter Friedfischangeln auf Kunststoffaufwinder und eine Portion Tauwürmer. C.D.s Verkäufer und ich gaben uns die grösste Mühe, ihn in allem vorteilhaft zu beraten, was nicht immer gelang. Er hatte eine Menge eigener Ansichten. »So«, stellte er nach einer guten Stunde fest, »das wär´s, glaub´ ich. Was macht das nun, junger Mann?«

»Einhundertdreiundneunzigfünfundfünzig«, entgegnete C.D.s Verkäufer nach einer kurzen Rechenoperation, ich wünsche Ihnen viel Vergnügen, mein Herr«.

»Danke«, knurrte er. »Ich selbst werde wohl weniger zum Vergnügen kommen. Die Geschäfte – ach ja. Aber meine Töchter, die ...« Mit diesen Worten wandte er sich zu mir. »Sie verstehen allerhand vom Angeln, wie?«

»Wenn Sie mich meinen«, wehrte ich ab, »das ist nicht weit her.«

»Oh doch«, widersprach er, »das merkt man Ihnen an, mein Herr. Sie sollten sich den See mal ansehen«, fuhr er, ohne auf meinen Einspruch achtend, fort, »ich glaube, Sie hätten wohl sofort heraus, was alles drin ist. Wie wäre es, nun?«

»Gern«, entfuhr es mir (ungewollt), »mit dem grössten Vergnügen, Herr...«

»Meier«, vervollständigte er.

»Meier und Krüger, Immobilien. Hier meine Karte. Rufen Sie mich an, wann es Ihnen passt. Mein

Chauffeur wird Sie abholen. Vielleicht zum Wochenende?«
»Vielleicht...«, zögerte ich, »ich müsste ...«
O ja, ich zögerte, und ich weiss auch den Grund. Er roch nach Leberwurst, penetrant nach Leberwurst, und das ist das erste. Das andere war, dass ich vielleicht keine Leute mag, die sich ein Wasser pachten, ohne dabei ... Aber lassen wir das. Jedenfalls sagte ich zu.
»Abgemacht«, entschied er kurzerhand. »Samstag. Ich rechne mit Ihnen«. Dabei stand er schon auf der Strasse, die Tüte im Arm, das grüne Futteral mit der Rute.
Ich sah hinter ihm drein, wie er davonging, rundlich, rötlich.
»Werden Sie hingehen?« erkundigte sich C.D.s Verkäufer aus einer Ecke.
Ich drehte mich um. »Gewiss doch, selbstverständlich.«
Heute weiss ich, dass ich diese Äusserung in einem Augenblick der Abwesenheit gegeben habe, dass es überhaupt unachtsam von mir war, mich mit Meier einzulassen. Denn ich kenne diese Meiers ja, die sich einen See zu pachten pflegen. Und wenn ich dann an seine Töchter denke, an dieses wilde Volk, wie er sie selbst nannte, wie ich mir vorstelle, wie sie im Schilf herumschleichen, und mich mit Lehm-

klüten bewerfen, mit Blechdosen und vielleicht sonst noch alles, überhaupt, wenn ich mir diesen dicklichen Meier und seine zweifellos nicht minder dickliche Gattin vorstelle, dann ist mir die Vorfreude auf ein (vielleicht) fischreiches Wochenende vergällt.
Ich weiss, wovon ich rede. Ich kenne diese Meiers zur Genüge und werde abschreiben: Sehr geehrter Herr Meier! Ich muss Ihnen infolge eines unvorhergesehenen familiären Ereignisses leider mitteilen, dass ...
Und jetzt sitze ich hier und suche nach einer passenden Formulierung, die mein Fernbleiben am Sonnabend entschuldigen könnte. Kann ich nicht einfach schreiben, dass mir die Tante verstorben ist? Aber – wie umgehe ich dann das übernächste Wochenende mit den Meiers?
Ach ja – ich sehe schon, ich sehe schon. Es wird mir nichts erspart bleiben, nichts, aber auch gar nichts.

Ein Mann namens Cwerzna

In den Jahren sechsundvierzig bis fünfzig, als ich mich noch im hoffnungsvollen Jugendalter befand, lebte in unserem Vorort ein Zigeuner namens Olek Cwerzna. Zu jener Zeit konnte man die Wandse noch als fischreiches Gewässer bezeichnen, und wir indianischen Reusenleger und Nachtangler trafen uns jeden Nachmittag nach Schulschluss auf dem Ziegeldamm, der nach Farmsen hineinführt, um die Plötzen und Schleien und all das andere Wild zu belauern, das im Wasser und am Rande des Wassers dort zu finden war. Es handelte sich mitunter um Grosswild: kuhäugige Kaninchen, die in den Grabenböschungen ihre Höhlen hatten, Wildenten, braunfellige Wasserratten und einmal ein Iltis, für kurze Zeit. Wenn es aber regnete, lagerten wir im Halbdunkel unter der Brücke und horchten auf das Rieseln des Sandes, der zwischen den verschraubten Holzbohlen hindurch in das Wasser fiel.
Es kam nicht oft vor, dass ein Fremder unser Gewässer befischte: hin und wieder ein Schwarzfuss-

indianer aus Farmsen, den wir lautlos umzingelten und nach furchtbaren Drohreden von Martern und Skalpieren laufen liessen, ohne sein Geschirr natürlich.

An jenem sonnenbeschienenen Nachmittag im Jahre sechsundvierzig aber standen wir unverhofft einem Fischer gegenüber, gegen den wir im Ernst auch nichts hätten ausrichten können. Das war an der Schleife, wo das Wasser um eine mit Buschwerk bestandene Halbinsel herum einen Haken schlägt, eine der guten Stellen im Revier. Wir wären fast über ihn gestolpert. Er hockte gut getarnt in einer Mulde und lächelte uns entgegen. Wir mussten seit dreieinhalb Stunden zu hören gewesen sein.

»Tag, Einheimische«, begrüsste er uns, «was machen die Wissenschaften?«

Das war nichts weiter als eine Anspielung auf unsere Schultaschen. Alle Erwachsenen finden ein Gespräch über die Schule wahnsinnig interessant; sie können nicht genug davon bekommen.

»Es geht eben«, antwortete Hufschmid, nachdem wir uns aus unserer Erstarrung gelöst hatten, »sind Sie schon lange hier?«

»Zwanzig Minuten vielleicht«, lächelte der Fremde, »vielleicht dreissig.«

Seinem Aussehen nach hätte er Ungarisch oder Polnisch oder so eine Sprache sprechen müssen, aber der Schein trog. Er sprach ein ausgezeichnetes Deutsch, abgesehen von dem »r«, das durch seine Kehle rollte.

»Dürfen wir mal den Inhalt Ihres Fischeimers besichtigen«, fragte Broggenham höflich.

»Nur zu«, antwortete er, »aber geht hinten rum, Einheimische.«

Nun waren wir im Jahre sechsundvierzig keine solchen Anfänger mehr, um nicht zu wissen, wie man sich bei der Bachangelei zu verhalten hatte, nämlich auf jeden Fall hinten herum und auf Zehenspitzen, nie näher als allenfalls zwei Meter an das Wasser heran, ganz gleich, was für ein Schiet hinten auch immer lag. Das war die Grundregel.

Nun, der Eimer des Fremden war gefüllt mit Plötzen, die hin und her schossen wie Blitze vor einem messingfarbenen Abendhimmel. Es waren mindestens ein Dutzend. Und das am frühen Nachmittag, an dem die Sonne noch weit oben über den Wiesen stand. Von diesem Augenblick an bewegten wir uns wie die Späher des roten Mannes kurz vor der Schlacht am Big Horn River. Wir registrierten jede Kleinigkeit.

»Meine Fresse!« sagte Einfeld leise.

Selbst heute noch erinnere ich mich in allen Einzelheiten an das Aussehen des Fremden, so wie wir ihn an jenem Nachmittag zu Gesicht bekamen. Auf eine Entfernung von mehr als fünfunddreissig Meter hin hätte jedes geübte Adlerauge seinen Kopf als eine rissige, sonnenverdörrte Runkelrübe angesehen, die jemand aus irgendeinem Grunde auf einen Baumstubben abgelegt hatte; seine Hände, der Hals, überhaupt jeder Teil seines Körpers, der den Elementen ausgesetzt war, ja selbst die Kleidung, die er damals trug, vermittelten den Eindruck fortgeschrittener Verwitterung; eine Erosionslandschaft gewis-sermassen, die die jahrzehntelange Einwirkung von Sonne, Wind und Eis ertragen hatte, eine Landschaft zu seiten der unzähligen Strassen, über die das fahrende Volk hinweggezogen war. Er hockte da in seiner Mulde auf einem handtellerbreiten Schwemmholz, das quer über einem zweiten Eimer lag, neben sich eine Rute aus Haselnussholz. Eine Rolle konnte man nirgends erblicken. Das wäre auch unnötig gewesen; denn Rute und Schnur reichten aus, um einen stärkeren Fisch bis zum jenseitigen Ufer herüber zu drillen. Der Bach war an dieser Stelle nicht breiter als viereinhalb Meter, aber mindestens einsfünfzig tief: es gab halbpfündige Schleien im dunklen Wasser der Schleife, Plötzen, Barsche, und an den warmen Abenden lief der Aal. Bei seinem Können würde es nicht lange dauern, bis er einen Fisch am Haken hatte. Dann müsste er mit dem Köder herausrücken. Das interessierte uns am meisten. Aber kaum, dass wir einen trockenen Platz zum Hinsetzen gefunden hatten, war er es, der was wissen wollte.

»Wie heisst du Indianer denn?« fragte er Hufschmid.

»Gerhard Hufschmid.«

»Und du?«

»Eckhard Broggenham.«

»Du?«

»Klaus Einfeld.«

Nachdem er uns der Reihe nach unseren Eltern, Geschwistern, Lehrern und so ausgehorcht hatte, drehte er sich eine Zigarette. Seine Sicherheit war verblüffend. Sie schien nicht einmal aufgetragen, sie war eben vorhanden, wie die Sonne vorhanden ist, wenn man morgens aus dem Fenster schaut. Und schwups – wie in einer Zirkusvorstellung, hatte er schon eine Plötze am Haken.

»Diese feisten, kupferfarbenen Plötzen liebe ich geradezu«, sagte er mit wohltönender Stimme, »sie erinnern mich an einen See im Osten dieses weitläufigen Landes.«

»Dann sind Sie wohl ziemlich weit herumgekommen«, fragte Einfeld interessiert. Er war das As in Geographie, und sobald die Rede auf fremde Landstriche kam, befand er sich in seinem Element.

»Olek Cwerzna hat alle Gaue dieses Landes gesehen«, erwiderte der Fremde nicht ohne Stolz, »aber hier, Einheimische, ist es am schönsten.«

»Na na«, warf Broggenham leise dazwischen.

»Es sind auch Aale drin«, sagte Einfeld, der sich verpflichtet fühlte, »und Hechte.«

»Hechte?« Das Gesicht des Fremden verzog sich zu einem ungläubigen Staunen. »Wo denn, Einheimische?«

»Weiter unten im Eichtalpark«, antwortete Einfeld. »Bestimmt, ich hab´sie selbst gesehen.«

»Dann müssten wir´s wirklich mal versuchen«, sagte er. »Würdet ihr mitkommen und mir die Stelle zeigen, Einheimische?«

»Sehr gern«, sagte Einfeld für uns mit. »Wir zeigen´s Ihnen gern.«

Und das war die Wahrheit. Ein Fischer wie er würde uns einiges beibringen können. Als wir uns Stunden später über die Wiesen auf den Heimweg machten, sprachen wir von nichts anderem.

Dort in den Wandse-Niederungen begegnete ich ihm zum zweitem Mal. Drei, vier Tage lagen dazwischen, der Mond hatte gewechselt, und es war wärmer geworden. Ich hatte meine Reuse kontrolliert und war dabei, noch ein wenig im Spinnwebenlicht des Abends umher zu wandern, als ich auf ihn stiess. Er sass zehn, zwölf Meter vor einer Stelle im Bach, die als »das Loch« bekannt war.

Das Wasser war hier tief, es sah gut aus und verleitete immer wieder zum Ansitz, aber kein Mensch hatte aus »dem Loch« je etwas mit nach Hause genommen. Als er mich kommen sah, gab er mir durch ein Zeichen zu verstehen, dass ich mich ruhig zu verhalten hätte. Er war richtig aufgeregt.

»Guten Abend«, flüsterte ich. »Was ist...?«

»Pass auf, Indianer«, gab er ebenso leise zurück. »Guck....« Er griff in den Eimer neben sich und holte ein etwa fingerlanges Rotauge heraus, das er durch einen schnellen Druck in die Kiemen verletzte. Dann beugte er sich vor und liess den Fisch in die Strömung ein, die ihn sofort vor sich her trug. Offenbar war auch die Schwimmblase des Fisches verletzt. Dann befand sich der kleine Fisch im Kreisel des Rückstaus. Ein Entrinnen war ausgeschlossen. Er wurde herumgetragen wie eine Feder im Wind. Ehe ich noch mein Erstaunen über das Ganze zum Ausdruck bringen konnte, hatte der Fremde meinen Arm gepackt und flüsterte mir zu, ich solle jetzt mal genau aufpassen. Das tat ich eigentlich die ganze Zeit über. Dann plötzlich entstand unterhalb des Fisches so etwas wie ein Trichter, ein Schwall folgte, und das kleine Rotauge war verschwunden. Der Fremde löste mit einem tiefen Seufzer die Finger von meinem Arm. Sein Gesicht glänzte. »Hast gesehen?« flüsterte er. »Das war ein Hecht.« Er begann die Tasche auszupacken: Ein Knäuel jener wenig Vertrauen erweckenden Schnur, die es in den Jahren um sechsundvierzig herum zu kaufen gab, eine Schachtel mit losen Haken und ein Tuch, das er vorsichtig vor sich auszubreiten begann. Ich sass wie ein Stock. Nachdem er einen Doppelhaken an die Leine geschlagen hatte, holte er einen zweiten Fisch aus dem Eimer, den er, ohne ihm jedoch die Behandlung des ersten zuteil werden zu lassen, hinter der Rückenflosse aufsteckte.

»Pass gut auf, Indianer«, flüsterte er. »Es könnte sein, dass dieser hungrige Fisch da...«

Ich war überzeugt davon, dass der Hecht anbeissen würde. Mir schlug das Herz ganz oben im Halse. Ich spürte den Fisch, fühlte ihn schon in meinen Händen, ja, roch ihn. Nun, ich würde den anderen etwas erzählen können. Plötzen angeln, das kann jedes Kind. Aber einen Hecht zu fangen, das war harte Männerarbeit.

Was machte es schon, dass es zunehmend dunkler wurde, dass der Nebel schon über die Wiese kroch; was machte es, dass ich nasses Schuhzeug bekommen würde im Gras? Nichts! Einmal einen Hecht fangen wie Schumachers Bruder, der sich nicht dick genug damit tun konnte.

Wir beobachteten das kleine Rotauge, das von der Strömung schnell vorangetrieben wurde. Es hatte nicht viele Chancen, zur Seite hin auszubrechen. Aber es war enorm beweglich. Jeder Hecht auf fünfhundert Meter Entfernung musste darauf hereinfallen. Auch lief die Schnur einwandfrei vom Tuch hinunter ab; der

Fremde brauchte nicht viel nachzuhelfen. Alles klappte ganz ausgezeichnet. Als sich der Fisch im Kreisel befand, versuchte er, ihn in das Zentrum des Rückstaus hinein zu manövrieren, was ihm auch gelang. Nun war es alleine eine Frage der Zeit, wann er anbiss.

Um uns herum klingelten Wildenten durch die stille Luft, eine Schnepfe taumelte Haken schlagend an uns vorüber, es wurde dunkler. Dann zogen die ersten Sterne auf. Wir bemerkten nichts von alle dem. Als dann der Anbiss kam, war nahezu jede Helligkeit erloschen. Nur gegen Sonnenuntergang zu flackerte noch ein schmales, graues Licht über den Himmel.

»Jetzt«, flüsterte der Fremde neben mir.

Aber das war unnötig. Ich sah, wie sich die Schnur zu straffen begann, erst etwas von der Oberfläche aufsprang – und dann hinabgezogen wurde, tief in das dunkle, schnell fliessende Wasser, ein Band aus Silber und Stahl, aber geschmeidig und angefüllt mit zitterndem Leben.

»Schlagen Sie an«, sagte ich, »um Himmels willen, schlagen Sie an. Jetzt...«

»He«, grunzte er, »langsam, Indianer.«

Es kam mir alles viel zu umständlich vor, viel zu langsam. Ewigkeiten vergingen, und als er schliesslich anschlug, glaubte ich im Ernst, dass der Fisch verloren sei. Aber nein – der Fisch sass am Haken, er sass fest. Er war nicht einmal besonders stark, vielleicht halb mal so, wie wir das immer von den Hechten gehört hatten. Er wog vielleicht drei Pfund, vielleicht ein bisschen weniger. Aber immerhin war es ein leibhaftiger Hecht.

Wir mussten uns tief hinabbeugen, um ihn in der Dunkelheit erkennen zu können.

Ich war stolz – und neidisch. Ich war voll von Neid. Ja – ich dachte einen Augenblick daran, mir den Fisch zu greifen und quer über die dunklen Wiesen davon zu laufen. In der Finsternis hätte ich eine gewisse Chance gehabt. Aber dann kam mir Olek Cwerzna wieder nicht wie jemand vor, der für hundert Meter mehr als vierzehn Sekunden hätte haben müssen. Ja, und dann – dann schien der Fremde meine Gefühlsregung irgendwie gespürt zu haben.

»Hier«, meinte er gleichgültig, wobei er das »r« rollte, »kannst du haben. Ich hab´noch genügend Schleie im Haus. Nimm schon.«

»Oh...«, stotterte ich, «haben Sie vielen Dank. Herzlichen Dank. Wirklich...«

Ich hätte noch einiges mehr sagen sollen. Aber das Herz eines roten Kriegers schlägt tief im Verborgenen. Später dann, auf dem Heimweg, kamen mir alle Sterne unter dem Himmel wie die Augen jener guter Geister vor, die immer um alles Bescheid wissen. Ich dachte an Olek, meinen neuen Freund. Denn man verschenkt

keinen mindestens dreipfündigen Hecht, wenn der andere nicht ein Freund ist.
Olek Cwerzna – ich habe ihm einiges zu verdanken. Wir waren vier Jahre zusammen, bis er eines Abends nicht mehr kam. Ich habe ihn nie wieder gesehen.

Regen

»Es sieht nicht gut aus«, sagte der Schaffner zu der alten Dame, »gar nicht gut.« Er machte auf unseren Karten einen Strich mit Bleistift, dann war er schon wieder im Gang. Bevor er die Tür hinter sich zu machte, sagte er noch: »Passen Sie auf, was ich gesagt habe.«

»Ja ja«, nickte die alte Damen nach einer Weile, »der Regen.«

Damit meinte sie mich, denn sonst war niemand im Abteil. »Vielleicht hält es sich noch«, sagte ich deshalb.

»Meinen Sie, junger Mann?« Sie sah mich aufmerksam an.

»Vielleicht«, antwortete ich. »Vielleicht auch nicht. Man kann nie wissen, nicht wahr?«

»Da haben Sie recht«, sagte sie.

Dann schwiegen wir eine Zeit lang. Aber als ich das Brotpaket auspackte, sagte sie: »Meine Schwiegertochter legt auch immer Jagdwurst drauf.«

»Die ist am besten«, antwortete ich. »Und gar nicht teuer.«

»Ich fahre jetzt zu ihr«, fing sie nach einer Weile wieder an, »sie haben mich eingeladen. Mein Sohn und seine Frau. Letzten Montag kam die Karte. Ich soll kommen. Sie freuen sich schon.«

»Und nun kommen Sie«, sagte ich zwischen zwei Bissen.

»Ja, zur Taufe. Sie haben mich eingeladen. Es ist ein Mädchen. Sie wollen es Margot nennen. Finden Sie den Namen hübsch?«

»Eigentlich ja«, sagte ich. »Hässlich ist er auf keinen Fall.«

»Da haben sie recht.« Sie sah zu, wie ich vom Brot abbiss. Dann sagte sie: »Meine Mutter hiess Maria.«

»Maria ist auch ein hübscher Name«, meinte ich. Darauf antwortete sie nicht.

Hinter Stade wurde die Welt noch dunkler, als sie es schon den ganzen Morgen über gewesen war, und jetzt war auch ich der Meinung, dass es Regen geben würde. Mann konnte die Wolken nicht übersehen. Sie hingen tief über dem flachen, grasigen Land, das sich da hinter Stade kilometerweit hinzieht, und es sah manchmal so aus, als wollten sie sich auf den Kuhweiden niederlassen.

Die alte Dame schwieg bis vor Altenbruch, und ich schwieg auch. Aber als ich dann die Sachen aus dem Gepäcknetz holte, sagte sie: »Haben Sie einen Regenmantel mit, junger Mann?«

»Ja. Er ist im Rucksack.« Ich lächelte ihr zu, aber sie blieb so ernst, wie die ganze Zeit über.

»Sie sollten daran denken, ihn anzuziehen«, meinte sie nach einer Weile.

»Wenn es losgeht, hole ich ihn schnell ´raus«, sagte ich. »Man braucht nur die Schnalle aufzumachen.« Ich zeigte ihr, wie schnell es ging, die Schnalle aufzumachen. Das stimmte sie freundlich.

»Mein Sohn hat auch einen Rucksack«, sagte sie, »er hängt oben auf dem Boden.«

Aber da war ich schon im Gang.

»Erkälten Sie sich nicht«, rief sie hinterher.

Dann hielt der Zug in Altenbruch, und ich stieg aus und schlug die Tür hinter mir zu. Der Mann mit der roten Mütze beobachtete mich dabei. Als er »abfahren« rief, klopfte jemand an die Scheibe. Es war die alte Dame. Ich stellte den Köderfischkessel hin und winkte, bis ich sie nicht mehr sehen konnte. Dann ging ich zum Fahrkartenschalter.

»Was ist das bloss für ein Wetter«, rief der Mann mit der roten Mütze hinter mir.

Ich wartete, bis er heran war. »Es wird bald losgehen«, sagte ich. »Was meinen Sie?«

»Ja«, nickte er, »sieht ganz danach aus. Wo wollen Sie denn hin?«

»Ich will zu den Kniepdorfer Kuhlen ´raus«, antwortete ich. »Kennen Sie den Weg?«

»Kniepdorfer Kuhlen?« wiederholte er, mich nicht aus den Augen lassend, »da wollen Sie jetzt ´raus?«
»Sicher«, nickte ich.
»Ich glaube, Sie wollen da angeln«, meinte er mit einem Blick auf meine Sachen.
»Auf Schleie«, antwortete ich. »Können Sie mir den genauen Weg sagen?«
»Sie waren noch nicht hier, wie?« fragte er mit einem schlauen Lächeln.
Er war rot im Gesicht und roch ein wenig nach Knoblauch.
»Nein«, antwortete ich, »heute zum ersten Mal.«
»Dachte ich mir doch«, nickte er. »Ich hab´Sie nämlich hier noch nie gesehen.« Dann aber fiel ihm wohl ein, dass ich ihn nach dem Weg gefragt hatte, und er sagte: »Passen Sie auf, ich habe eine Karte. Kommen Sie mit ´rein.«
»Gern«, sagte ich. Ich ging hinter ihm her in einen kleinen, länglichen Raum, in dem es nach kaltem Tabaksrauch roch. An der einen Wand stand eine Holzbank. Ich machte die Tür hinter mir zu und stellte den Kessel auf die Bank. Den Rucksack und das Futteral mit den Ruten behielt ich um. »Ich bereite Ihnen hoffentlich keine Umstände«, sagte ich.
»Es ist eine Generalstabskarte«, antwortete er mehr für sich, »jeder Stein ist eingezeichnet. Augenblick.«

»Lassen Sie sich Zeit«, sagte ich. »Es wird sowieso gleich losgehen.«
Er sah kurz zum Fenster hin und kramte weiter in einer Schublade herum. »Ich habe sie gleich«, sagte er, »sie muss hier sein.«
»Es ist wirklich nicht eilig«, antwortete ich.
Auf dem Tisch lag ein Paket mit Frühstücksbroten. Obenauf sass eine Fliege, die sich putzte. Ich scheuchte sie weg. Ich mag keine Fliegen, die sich auf Lebensmittel setzen.
»So«, sagte er plötzlich, »hier. Ich habe sie.« Er nahm seine rote Mütze ab und sah mit einem Mal viel jünger aus.
»Das ist fein«, sagte ich, »dann werde ich gleich Bescheid wissen, wo es lang geht.«
»Ich zeige es Ihnen.« Er legte die Karte auf den Tisch und klappte sie auseinander. Sie war schon ziemlich mitgenommen, aber man konnte noch alles erkennen. Die Strassen waren zum Beispiel braun eingezeichnet.
»Hier«, sagte er, »wenn Sie bitte mal herschauen wollen.« Ich ging um den Tisch herum und stellte mich neben ihn. »Das sind wir«, sagte er, mit dem Finger auf ein Kreuz tippend, das jemand in die Karte gemalt hatte, »und das sind die Kniepdorfer Kuhlen.«
»Wie weit ist es?« erkundigte ich mich.

»Rund drei Kilometer«, antwortete er.
»Passen Sie auf. Sie gehen am besten hier entlang. Bis hier. Und da biegen Sie rechts ab.«
»Das ist Hagen Nummer elf«, las ich.
»Ja«, nickte er, »links liegt Rollhagens Koppel. Und da vorn ist eine Schonung. Sie können den Weg nicht verfehlen, wenn Sie sich daran halten.«
»So eine Karte ist schon was wert«, sagte ich.
»Bestimmt«, meinte er. »Sehen Sie mal – die Wiesen sind richtig grün eingemalt. Und der Wald auch. Nur etwas dunkler, nicht?«
Noch während er das sagte, guckte er interessiert zu meinem Kessel hin. »Was haben Sie denn da drin?« erkundigte er sich dann.
»Kleine Karauschen«, antwortete ich. »Es soll da ausser Schleien noch Hechte geben.«
»Die gibt es«, meinte er. »Krummpeter hat neulich gerade einen gefangen. Er wog zwölf Pfund und etwas darüber.«
»Wer ist Krummpeter?« fragte ich.
»Ein Rentner«, antwortete er. »Karauschen haben Sie da drin?«
»Zwölf Stück«, nickte ich. »Wollen Sie einen Blick hinein werfen?«
»O gern«, sagte er. »Wissen Sie, mein Neffe hat ein Aquarium mit Guppies und so was drin.«
Ich machte den Deckel auf, und er guckte interes-

siert hinein. »Die sind ziemlich flink«, meinte er. »Ob die Brot mögen?«

»Ich glaube, sie nehmen nichts an«, sagte ich. »In der Gefangenschaft nehmen sie selten etwas an.«

»Aber anfassen darf ich sie doch ´mal?« fragte er. Er krempelte den rechten Ärmel seiner Jacke auf und griff in den Kessel. Einen Augenblick lang befürchtete ich, dass alles auf den Fussboden fallen würde. Doch dann hatte er einen. »Hier«, strahlte er, »sehen Sie?«

»Drücken Sie ihn bitte nicht so«, bat ich.

»Ich weiss«, wehrte er ab, »mein Neffe hat ein Aquarium.« Er hielt den Fisch so, dass ihm das Wasser nicht auf die Jacke tropfen konnte. Alles fiel auf den Fussboden. Das Tier schnappte sichtlich nach Luft.

»Drücken Sie bitte nicht so«, mahnte ich.

»Ich drücke ja gar nicht«, sagte er, »ich halte ihn nur fest.«

»Sie können ihn aber nicht lange so halten«, sagte ich, »der erstickt mir sonst.«

»Ersticken können die?«

»Und wie«, sagte ich, »sie sind es ja nicht gewöhnt.«

»Dann will ich ihn schnell zurücktun«, meinte er. »Ich will nicht, dass er sich was wegholt.«

Er setzte den Fisch zurück, und ich machte den Deckel wieder zu.

»So«, sagte ich, »ich will dann gehen. Nochmals schönen Dank für die Auskunft.«
»Nichts zu danken«, antwortete er, »gern geschehen.«
Ich nahm den Kessel in die eine Hand und machte mit der anderen die Tür auf. »Also dann«, sagte ich, »auf Wiedersehen.«
»Auf Wiedersehen«, antwortete er, »und werden Sie bloss nicht nass. Es geht gleich los.« Dann machte er die Tür zu, und ich ging nach draussen, wo die Strasse mit den Ziegelhäusern ist. Es sah wirklich nicht gut aus. Da hatte der Mann ganz recht. Es sah so aus, als wollte es jeden Augenblick vom Himmel herabstürzen. Dabei wehte kein Lüftchen, und nach Stade zu grummelte ein Gewitter. Aber das machte mir nichts aus, solange noch irgendwo Bäume waren, wo man sich zur Not unterstellen konnte.
Als ich aus dem Dorf heraus war, fuhr ein Radfahrer an mir vorbei. Er drehte sich um und starrte mich einen Augenblick lang an.
»Passen Sie auf«, schrie er dann, »es geht gleich los.«
»Ich habe einen Regenmantel mit«, schrie ich zurück. »Danke.«
Daraufhin beugte er sich über den Lenker und trampelte weiter.
Es war alles so, wie mir der Mann mit der roten Mütze gesagt hatte. Ich bog am Hagen Nummer elf

rechts ab, und links vom Weg lag eine weithin gestreckte Kuhkoppel. Nur die Schonung war nicht da. Das kam wohl, weil die Karte ziemlich alt war.
Ich ging eine Weile an der Koppeleinfriedung entlang, und dann begann sich das Land fast unmerklich zu senken. Zehn Minuten darauf blinkte eine Wasserfläche zwischen den Bäumen hervor.
»Die Kuhlen«, sagte ich, »das sind sie.« Als ich etwas näher dran war, sah ich drei Löcher, von denen Albert Cybulla erzählt hatte. Ich ging einmal ganz herum und suchte mir dann einen Platz, der unter einer Weide lag. Man konnte sehen, dass das Wasser schon gleich vorn am Ufer ziemlich tief war. Weiter draussen lag eine Schilfzunge. Der Platz machte einen hervorragenden Eindruck.
Als ich den Rutenhalter stehen hatte, begann es sanft zu regnen. Man hörte die Tropfen in den hellgrünen Weidenblättern, und überall auf dem Wasser sprangen die feinen Ringe. Es war, als befänden sich ganze Fischschwärme auf der Suche nach Mücken. Dazwischen fuhr einige Male ein Windstoss, und schliesslich begann es zu prasseln, und die Welt wurde dunkel und feucht.
Ich sass auf meinem Klappstuhl, nach vorn gebeugt, den Rucksack zwischen den Stiefeln, und als ich dort sass und auf den Schwimmer hin sah, fiel mir die alte Damen ein. Sie würde vielleicht von mir

erzählen. Sie würde sagen: »Er hatte auch einen Rucksack auf.«
Als ich mir überlegte, was ihr Sohn darauf antworten würde, tauchte der Schwimmer weg. Kaum eine halbe Minute später konnte ich Albert Cybulla recht geben. Ich hatte eine Schleie, die erste der sechs kupferfarbenen Gesellen, die ich an jenem Tag dort in den Teichen fing. Und wenn es bei einem halben Dutzend geblieben war, so deshalb, weil ich mich immerzu mit der alten Dame beschäftigte. Sie ging mir nicht aus dem Sinn. Ich stellte mir vor, was sie zu ihrem Sohn und der Tochter sagen würde, was diese antworten könnten, was sie untereinander besprachen, und der gleichmässig fallende Regen macht es mir nicht sonderlich schwer, mich auf alles zu konzentrieren.
Ich denke heute noch manchmal an eine alte Dame und an den Tag, den ich da draussen in Altenbruch verbrachte. Und dann höre ich wieder den Regen fallen, höre das Klatschen des Windes in den Zweigen und spüre den Duft von feuchtem Gras und dampfender Erde.
Dieser Tag, ich weiss es, er wird mir immer in Erinnerung bleiben. Sollte ich den Grund dafür nennen, müsste ich schweigen. Vielleicht war es einfach nur der Regen, das gleichmässige Fallen der Tropfen, das ich so liebe.

Der andere Emil

O ich weiss schon, was sie jetzt von mir hält, jetzt, nachdem es feststeht, dass ich nicht rechtzeitig zurückkehren werde. Sie hat ihre Anklagen längst formuliert und gebündelt, ich weiss. Dass ihn der Kuckuck holen möge! Derweil eilt sie mit kleinen, aber energischen Schritten durch die Wohnung, von einem Zimmer ins andere, öffnet Türen, rückt Blumenvasen zurecht und hält Ausschau nach verborgenen Staubkörnchen. »Als wenn nicht alle Vasen von jeher auf ihrem Platz gestanden hätten«, sagte ich. »Und Staub?, wo denken sie hin! Ich muss also sagen...«

»Halt«, unterbrach mich mein Nachbar, »Sie übertreiben. Bedenken Sie doch, dass Sie mit Ihrer Frau verabredet waren. Und wenn ich Sie recht verstanden habe, handelt es sich um den Besuch eines Theaters, nicht wahr?« Er griff nach seiner Rute, hob die Schnur aus und formte zwischen Daumen und Zeigefinger ein frisches Teigkügelchen. »Sehen Sie«, fügte er, Schnur und Schwimmer durch die Luft schwingend,

hinzu, »wenn Sie gerecht sein wollen, so ist der Zorn Ihrer Frau durchaus am Platze, nicht wahr?«
Ich musste mein eigenes Geschirr klarieren, ehe ich näher darauf eingehen konnte. Denn die Fische bissen jetzt gut, aber sie bissen recht vorsichtig. Kaum einmal, dass sich der Schwimmer bewegte, gerade eben, dass die Spitze ins Wasser eintauchte. »Sicher«, entgegnete ich, die Rute auf ihren Platz zurücklegend, »sicher mag ihr Zorn auf mich am Platze sein. Dazu sage ich gar nichts.« Ich legte die Betonung auf »dazu«, um ihm zu verstehen zu geben, dass ich mein Verhalten im Grunde ablehnte, wenn nicht ausdrücklich missbilligte.
»Aber verraten Sie mir«, fuhr ich fort, »wann wird uns einmal ein solcher Abend wie dieser beschert? Was ist ein solcher Abend gegen den Besuch des Modernen Theaters, frage ich Sie.
Nichts, wenn Sie mir die Antwort gestatten. Sie kennen wohl selbst das Wasser, und viel ist hier noch nie gefangen worden. Jedenfalls nicht in den letzten zehn Jahren.
Ja, früher, da gab es mal des öfteren solche Abende. Da gab es auch noch nicht die Fabrik oben an der Strasse, und die neue Siedlung mit diesen Betonklötzen, die gab es auch noch nicht. Da war alles noch Wiese und Weide mit Kühen und Pferden und Kiebitzen drauf. Erinnern Sie sich?«

Er schüttelte bedächtig den Kopf, was eher Zustimmung hiess. Mir war, als hätte ihn das mit den Wiesen und den Weiden nicht unbeeindruckt gelassen.

Aber er schwieg.

Und mit unserem Schweigen senkte sich das Zwielicht herab, schon wisperte ein kühler Hauch über die Wiesen, und überall in der grünlichen Dämmerung der Brennesselwälder begann es zu rascheln und zu rumoren. Hörte man etwas genauer hin, entging einem nicht das Pfeifkonzert der dunkel-rückigen Ufermäuse. Dann waren auch noch die Fische da. Heimlich, wie alles Leben am Abend, rührten sie sich über dem Grund des Baches; Blasen stiegen auf, wanderten ein Stück am Ufer entlang, ein Schilfhalm zitterte, und wieder tauchte sie Spitze des Schwimmers ins Wasser ein. Als ich die Schnur aushob, schwebte ein zappelnder Silberbauch durch die Luft.

»Hei«, sagte mein Nachbar, »der neunte, nicht wahr?«

Er zog einen Weizenkanten aus seiner Tasche, blickte mit kleinen heftigen Augen darauf und nahm einen Bissen. Nur weiter so«, mümmelte er, »nur weiter so.«

Aus diesen Worten entnahm ich, dass er mein Verhalten nicht so entschieden missbilligte, ja, es wahrscheinlich gar als begründet ansah, dass ich hier und nicht mit Elsa in der vierzehnten Reihe des Modernen

Theaters sass – wie immer er auch noch vor Minuten darüber gedacht haben mochte.

»Verschiedene Leute meinen, das Angeln sei langweilig«, sagte ich, mit ein Teigkügelchen drehend, »sie kennen es nicht anders.«

»Wem sagen Sie das«, antwortete er, »ich bin auch verheiratet. Ich habe sie bei Sagebiels kennen gelernt. Vor dreissig Jahren. Sie war Köchin.«

»Oh«, sagte ich, »das ist nicht schlecht, so eine Köchin.«

»Heute macht sie rein«, sagte er, »halbtags, verstehen Sie?« Er sah zu, wie ich die Schnur auswarf, quer zur Pfahlreihe, wo früher einmal die Brücke war. »Reinmachen bringt auch schönes Geld«, sagte ich, »gerade heutzutage, wo solche Kräfte sehr gesucht sind.«

»Wenn ich Sie wäre«, meinte er nach einer Weile, »dann würde ich ihr eine Tafel Schokolade mitbringen. Am Bahnhof aus dem Automaten. Oder vielleicht Blumen. Das würde ich tun.«

»Blumen?« fragte ich.

»An der Hauptstrasse neben dem Friseur», sagte er. Auch aus dem Automaten. Drei Stück für eine Mark. Billiger gibt es sie nirgends.«

»Die Idee ist nicht übel«, antwortete ich. Ich spannte die Schnur etwas, aber sofort begann der Schwimmer gegen die Strömung zu furchen.

»Rosen mögen sie am liebsten«, sagte er, sich den Mund abwischend, »ich kenne das. Wollen Sie einen Schluck?« Er holte eine Flasche Bier aus dem Rucksack und hielt sie mir hin. »Sie können zuerst trinken.«
»Ich sage nicht nein«, sagte ich. »vielen Dank.«
»Sie können mich ruhig Emil nennen«, schlug er vor, »die anderen aus dem Verein nennen mich aus so.« Ich nahm einen Schluck und gab ihm die Flasche zurück. Das Bier war etwas zu warm. »Dann nennen Sie mich Karl«, sagte ich. Sagen Sie, sind Sie etwa der Emil Piatkowsky, der letzten Sonntag den Hecht in Farmsen ´rausgeholt hat?«
Er schüttelte den Kopf. »Nein, der Emil bin ich nicht. Ich bin der andere. Mein Name ist Schneider.«
»Dann sind Sie der, der letztes Jahr hier die vier Karpfen ´rausgeholt hat, ja?«
»Ja«, nickte er, »der bin ich. Einer wog über sieben Pfund.«
Ich sah, wie der Schwimmer für einen Augenblick in die Tiefe gezogen wurde. Dann tauchte aber schon wieder die Spitze auf.

Die beissen ganz gut«, sagte ich. »Eben war wieder was dran.«
»Ich will Ihnen mal was sagen, Karl«, sagt er. »Rosen mögen Sie am allerliebsten. Ich kenne das. Ich

hab ihr früher auch immer welche mitgebracht. Da war ich noch bei Blohm & Voss. Heute kriegen Sie drei Stück für eine Mark.«

Er rührte den Teig um und warf einen Löffel voll in die Strömung. Die grösseren Stücke schwammen obenauf.

»Ich geh´ nachher vorbei«, sagte ich. »Beim Frisör, nicht wahr?«

»Gleich nebenan«, antwortete er. »Er ist beleuchtet. Sie stecken oben eine Mark rein und ziehen die Klappe, die Sie haben wollen. Sie sind in Plastik eingepackt. Immer drei Stück auf einmal.«

Vielleicht bringe ich ihr beides mit«, sagte ich. »Schokolade und die Blumen. Ich muss mal sehen.«

»Wenn ich die Rente abhole, bringe ich ihr immer gefüllte Kirschen mit«, meinte er nach einer Weile, »die mag sie sehr. Oder Likör. Der von Hannemann zu dreifünfundneunzig die halbe Flasche.«

Wieder wurde der Schwimmer hinabgezogen und als ich diesmal die Schnur aushob, hatte ich ein Rotauge mehr.

»Nummer zehn«, sagte er. »Ich habe jetzt elf. In Vierlanden fange ich immer nur Brassen. Manchmal auch Aal. Das kommt drauf an. Haben Sie schon einmal Aal in Sauer gegessen, Karl?«

»Nein«, antwortete ich, »nur geräuchert.«

»In Sauer sind sie auch gut«, sagte er. «Man muss

nur eine Frau im Haus haben, die das kann. Und das kann sie. Alles, was recht ist.«
»Meine kann das auch, Emil«, sagt ich darauf. »Ich mag sie nur nicht so gern in Sauer. Geräuchert und mit Brötchen, das ist gut.«
»Das schmeckt auch«, gab er zu. »Passen Sie auf, dass Sie nicht in die Pfähle ´rein geraten. Ich habe das schon manchen Haken verloren.«
»Nein«, sagte ich.
»Vielleicht sollten Sie ihr sogar ein Paar Strümpfe mitbringen«, begann er nach einer Weile wieder, »die mögen sie wirklich gern. Welche Grösse hat Ihre Frau?«
»Ich glaube, sie hat neuneinhalb«, sagte ich.
»Die kriegen Sie in der Ladenstrasse«, schlug er vor. »An der Bushaltestelle. Drei Mark für Perlon verstärkte. Der grosse Automat, Karl.«
Ich antwortete ihm, dass ich auch diesen Vorschlag in Erwägung ziehen würde. Nichts wäre mir lieber, als eine zufriedene Ehefrau.
»Sie müssen es tun«, sagte er mit Nachdruck, »denken Sie nur daran, dass Sie mit ihr ins Theater gehen wollten.«
»Wir wollten *Warten auf Godot* sehen«, sagte ich.
»Auf wen wollten Sie warten?« erkundigte er sich.
»Nein«, sagte ich, »Sie verstehen mich nicht, Emil. Das Stück heisst so.«

»Ach«, meinte er, »ich wusste gar nicht, dass es das gibt.« Mittlerweile war es stockdunkel geworden; auf den Wiesen breitete sich der Nebel aus, und eine empfindliche Feuchtigkeit kroch vom Wasser herauf.
»Ich glaube, ich gehe jetzt«, sagt er nach einer Weile, »mein Rheuma.«
»Ich bleibe auch nicht mehr lange«, antwortete ich, »vielleicht noch eine halbe Stunde.« Ich sah zu, wie er alles in den Rucksack packte, die kleine Schachtel mit den Reservevorfächern obenauf. »Grüssen Sie Ihre Frau«, sagt er, als alles in Ordnung war, »und vergessen Sie nicht...«
»Nein«, antwortete ich, »ich werde es nicht vergessen. Grüssen Sie Ihre Frau auch, Emil.«
Danke«, sagte er. »Ich werde es tun. Wiedersehn, Karl.« Als er weg war, drehte ich mir erst mal eine Zigarette. Dann musste ich plötzlich an Elsa denken. Ich stellte mir vor, wie sie von einem Zimmer ins andere ging und Blumenvasen zurecht rückte und auf mich wartete. Und je mehr ich daran dachte, um so mehr musste ich ihr beipflichten. Ist es nicht gut, wenn alles seine Ordnung hat? Und was man verspricht, das muss man auch halten! Dies überlegte ich mir, und da packte ich meine Sachen ebenfalls ein und ging zur Strasse hoch. Ich bog aber rechts ab, wo es zur Bushaltestelle geht, und unterwegs, da zählte ich mein Geld. Es waren sieben Mark und zwanzig, und ich kaufte drei Rosen, eine

Tafel Vollmilch mit Nuss und ein Paar Damenstrümpfe Grösse 10 (sie waren hellgrau, glaube ich). Als ich nach Hause kam, sah Elsa mich seltsam an.

»Du«, sagte sie, und nur dieses eine.

Da erzählte ich ihr von Emil, der voriges Jahr die Karpfen gefangen hat, und von der Frau, die bei Sagebiels Köchin war.

»Und übrigens habe ich dir etwas mitgebracht«, fügt ich hinzu, »hier.«

Da begann sie plötzlich auch zu reden, aber das, was sie sagte, war nicht so schlimm. »Du«, sagte sie, »du mit deinen Fischen.«

Und als sie die Strümpfe sah, fing sie zu lachen an, ihr Lachen, das sich so hübsch anhört.

»Nein«, japste sie, »nein.«

»Was ist mit nein?« fragte ich.

Aber sie lachte ein einem fort. So sind die Frauen nun mal. Werde einer aus ihnen schlau.

Ein alltäglicher Fall

Richard N. Wiechert hat sich etabliert. Er besitzt eine Drei-Zimmer-Wohnung in der Stadt, eine liebenswerte Frau, zwei entzückende Kinder. Sein Einkommen ist steigerungsfähig, die Arbeitszeit geregelt.

Richard kann sich nicht beklagen. Er fährt an den Wochenenden nach S. hinaus, um, wie er sagt, seinen Geist des Alltags zu erlösen. Denn er ist Angler, Sportangler mit Abzeichen, Vereinskarte und allem Drum und Dran.

»Da draussen«, pflegt er zu sagen, »da bin ich ganz ich. Da können sie mich alle mal...« Das sagt er zu mir, manchmal mit zwinkernden Augen; denn Richard N. Wiechert ist einer jener Leute, die ich ziemlich gut kenne. Man könnte fast sagen, er sei mein Freund – wenn ich nicht so schludrig wäre. Ja, meine Schludrigkeit ist es, die ihn in hellste Aufregung versetzt, die ihn sogar zornig stimmt, wenn er sagt: »Schludrigkeit ist der Anfang allen Übels.« So sind wir uns nicht viel näher gekommen als zwei Leute, die sich kennen und ein- oder zwei Mal im Jahr eine gemeinsame Angeltour unternehmen. Ein- oder zwei Mal im Jahr sitze ich neben ihm in seinem rassigen Wagen, während er in schneller, zügiger Fahrt die Strassen nach S. hinauf nimmt. Dann habe ich Zeit, ihn von der Seite anzusehen, und er erzählt. Er gehört, wie er sagt, zu jenen Jüngern Petris, die sich nicht viel aus dem Fisch an sich machen; viel wichtiger sei die Erholung am Busen von Mutter Natur. Man muss gehört haben, wie er das sagt: mit einer ziemlich tiefen Stimme, die keinen Zweifel an Überzeugung offen lässt; und seine Augen werden dabei gross und ernst.

Er macht einen guten Eindruck auf Menschen, mein Bekannter Richard N. Wiechert. Und seine – ja, Gott, ich sage es, seine verfluchte Ordnungsliebe ist ein Merkmal jener höheren Angestellten, die in Hamburger Grossbetrieben aussichtsreiche Positionen inne haben.

Vom Angeln: Das zweite Mal im vergangenen Jahr, als ich mit ihm nach S. hinauffuhr, hatte er einen makellos grünen und sorgfältig gebügelten Jagdanzug an, und ich sass da neben ihm in meinem alten Plunder und kam mir richtig schlecht vor. Asozial fast, wenn Sie wissen, was ich meine. Dabei hatte ich auch nur meine beiden Pfefferrohr-Ruten mit, weil es auf Schleie gehen sollte, meine beiden ollen Friedfischstöcke – und zu allem Überfluss hatte Elsa mir am Vorabend fünfzig Gramm von dem billigen Tabak gekauft.

»Du kannst von meinen Zigaretten nehmen«, hatte er

mir während der Fahrt mehrmals angeboten, und als wir in S. ausstiegen, fühlte ich eine flache Schachtel in meiner Jackentasche. »Die ist für dich«, erklärte er auf meine Frage kurzer Hand, »ich bekomme genug von dem Zeugs.«

Dieses Thema war schnell abgeschlossen, und als wir den schmalen Feldweg zum See hinunter gingen, erzählte er mir schon von den Fängen, die er in S. zu machen pflegte. Er ging vor mir, jetzt passen Sie bitte auf: Haben Sie schon einmal gesehen, wenn zwei ziemlich scharf gebügelte Gesässfalten sich beim Gehen auf und nieder bewegen? Wie ein Gesicht, und bei jedem Schritt seiner hirschledernen Stiefel das wutt wutt wutt im Sand. Ich musste lachen. »Was lachst Du?« erkundigte er sich über die Schulter gewandt, »was gibt´s, alter Junge?«

Das *alter Junge* sagte mir, dass er keine Ahnung hatte, um was es ging. Und das konnte er auch nicht. »Nichts«, sagte ich, »ich musste an was denken.« Mehr sagte ich nicht, denn ich wollte ihn nicht verärgern. Im Gegenteil: Leute in seiner Position muss man sich warm halten; man weiss nie, ob man ihre Hilfe mal nötig hat. Und dann ist der See in S., an dem er mich zwei- drei Mal angeln lässt, wirklich klasse: ziemlich abseitig gelegen, und mit einem Angelsteg, der ihm gehört.

Dieser Steg ragt ziemlich weit in das Wasser hinaus,

vielleicht an die zehn Meter, und links und rechts wächst das dunkelgrüne Schilf. Die besten Stellen für die Schleie; das Wasser ist vorne nicht sehr tief, der Untergrund eher weich als steinig, und im Sommer kann man da jedes Mal mit der kupferfarbenen Tinca tinca rechnen. Auf diesem Steg postierten wir uns sogleich nach Ankunft am See, und Richard sagte: »Du nimmst die linke Seite.«

»Ist gut«, nickte ich, meine Enttäuschung mit einem Lächeln umgehend. (Meine Enttäuschung: Die linke Seite ist nicht so ergiebig. Es liegen da auch Steine auf dem Seegrund.)

»Wir teilen den Fang natürlich«, fügte er hinzu, die achtfach gespliesste Rute zusammensetzend, und mit einem feinen Lächeln auf den Lippen: »Ich mache mir an und für sich ja nichts aus Fisch.«

»Ist gut«, sagte ich auch hierzu. Dann angelten wir auf Schleien.

Ich kann der Nachwelt nicht vorenthalten, was später geschah: Richards zierliche (und ziemlich teure) Pose tauchte weg, und als er anschlug, bäumte sich seine Rute erstaunlich weit durch.

»Den Kescher«, keuchte er, »schnell...«

Was soll ich sagen? Ich hatte den Kescher im Wagen liegen gelassen, das gute Stück. Und zu allem Überfluss hatte ich meine Schnur über seine geworfen, trotz der Weisung, auf der linken Seite zu fischen. Ich weiss, ich weiss - meine Schludrigkeit... Sie hat mir schon einiges Kopfzerbrechen bereitet, einige Messer gekostet, von anderem ganz zu schweigen (Regenschirme zum Beispiel, die ich in der Strassenbahn stehen zu lassen pflege). Und dann hat sie mir das letzte Bisschen Zuneigung von Richard gekostet: Seite jenem Tag grüsst er mich nur noch ganz kurz und geht schnell weiter. Denn der Fisch, der damals auf seinen echt vergoldeten Haken hereingefallen ist, wog gut drei, dreieinhalb Pfund. Das muss gesagt werden.

Jetzt, wo ich das hier schreibe, denke ich an Richard, und, weiss der Himmel, ich sehe vorwurfsvolle Augen auf mich gerichtet, fast zornige Augen. Und ich weiss auch schon, weshalb er mich so anguckt: Man sitzt am Sonntagnachmittag nicht in einer ollen, speckigen Strickjacke herum, ohne Krawatte und so weiter – und wenn ich mir die Rolle hier in der Schublade ansehe, dann muss ich ihm recht geben. Sie hätte längst geölt werden müssen, sie schreit nach Öl. Ihm wäre das nicht passiert. Nein, ganz bestimmt nicht.

»In einer halben Stunde kommt die Flut«, sagte Albert, »so lange müssen wir warten.«
Ich nickte, aber das konnte er nicht sehen. Er sass vor mir: ich sah seinen braun gegerbten Rücken und neben ihm im Sand die lange Pfefferrohrrute und die Konservendose mit den Pierwürmern. Vor uns lag das Watt, das ganze weite Watt draussen bei Duhnen, und hinten im Elbefahrwasser kroch ein Steamer vorbei. Dann waren da die Möwen; und natürlich die Sonne: diese herrliche Sonne über dem Watt.
»Ach«, sagte ich nach einer Weile, »wenn´s nur eine halbe Stunde ist, Albert.«
»Um fünfzehn Uhr dreissig«, gab er zurück. »Du wirst schon sehen. Du wirst dich wundern, mein Lieber.«
Ich entgegnete, dass ich mich heute über alles wundere. Und das war die Wahrheit. Wir waren mit dem Ausflugsdampfer heraus gekommen und hatten bis zum Sonntagabend Zeit. Mir war das neu: das graue, endlose Wasser, das sich gleich hinter

der Elbmündung ausbreitet; ich hatte dergleichen nur auf Postkarten gesehen. Und dann die Schiffe. Ich sah einen Frachter, der Marie Ann hiess, und fünf Minuten darauf kam die Port Aden. Sie war weiss gestrichen und ragte hoch aus dem Fahrwasser auf. Als ich das Glas nahm, sah ich hinten an der Reling einen Mann stehen. Er hatte einen blauen Sweater an und betrachtete das Wasser unter sich. Ich sah fast jede Falte in seinem Gesicht. Ich sah der Port Aden nach, bis das Wasser sie ganz aufgesogen hatte. Dann kam die Flut.

Zuerst liefen lange, glitzernde Zungen über den Sand, fast, als wenn jemand mit einer Gieskanne giesst, und dann kamen die Wellen.

»Wir müssen los«, meinte Albert.

»Ich komme«, sagte ich.

Ich ging hinter ihm her, bis wir am Priel waren. Da am Priel, meinte er, seien die besten Stellen für Schollen. Und auf Schollen waren wir aus. Wir hatten drei Stunden lang nach Würmern gegraben, und die Dose war ziemlich voll. Dann hatten wir die langen Pfefferrohrruten mit, die so hübsch aussehen, wenn sie im Halfter aufgerichtet gegen den Himmel stehen.

»Kennst du das denn hier, Albert?« fragte ich ihn.

Er nickte. »Klar, sonst würde ich´s dir ja nicht erzählen.«

Er ging jetzt ziemlich schnell, denn das Wasser lief jetzt sehr rasch auf. Es war grau von all dem aufwirbelnden Sand, und weiter draussen waren Schaumkronen zu sehen. Der Wind stand landeinwärts und drückte es vor sich her.

»Ausgezeichnet«, meinte Albert.

Ich fragte, was er damit meinte, und er antwortete mir, dass, wenn der Wind tüchtig wehe, der Schlickboden nur um so mehr aufgeschwemmt werde und all das Getier, das dort lebe, frei spüle. »Verstehst du das?« fragte er.

»Klar«, antwortete ich. »Dann sind die Fangaussichten um so grösser, Albert.«

Wir gingen den Priel bis zum Ufer hinauf, dort, wo er einen Knick macht und parallel zur Kante verläuft, und da setzten wir uns in den Sand. »Jetzt pass auf«, sagte er. »Du musst gleich beim ersten Zupfen anschlagen. Aber nicht so grob, nein?« Er nahm einen Wurm aus unserer Dose, fädelte ihn auf, und dann segelte das Laufblei ins Wasser unter uns. Die Rute kam in den Halter, und die Schnur musste so weit aufgezogen werden, dass sie ziemlich stramm war. Das, meinte Albert, sei die Voraussetzung für einen Erfolg. »Du musst nur die Spitze im Auge behalten«, sagte er. »Bewegt sich da was, mal sagen so ...« (er stand auf und wippte an seiner Rutenspitze) »Dann kannst du gleich anschlagen.«

Ich sagte: »Okay, Albert.« Ich holte mir einen Wurm und machte alles wie er. Es ging ganz einfach. Nur war seine Rute etwas steiler aufgerichtet als meine. Als ich ihn darauf ansprach, meinte er, dass das nichts zu sagen hätte.

Wir brauchten nicht lange zu warten. Der erste Biss war an Alberts Rute. »Siehst du?« fragte er.

Ich beobachtete die Spitze. Sie schlug einmal aus, dann noch einmal, und er stand auf und schlug an. Es machte irgendwo draussen im Wasser einen Platsch, und dann kam in flaches, fast rundes Tier herangekurvt. Es war eine Scholle. Sie war sandhell und mit rötlichen Tupfen bedeckt. Ein hübsches Tier, und das sagte ich zu Albert. »Das hätte ich nicht gedacht.«

»Manche sind fast schwarz.« Er hakte die Scholle los und zeigte sie mir. »Das kommt auf den Untergrund drauf an.«

»Das ist Mimikry«, meinte ich, »die Schutzfärbung.«

Er sah mich an. »Mag sein. Aber ich würd´ an deiner Stelle lieber auf die Rute achten.« Er war beleidigt.

»Du, Albert«, sagte ich, »ich will nicht mit meinem Wissen ´rumprunzen. Das fiel mir nur so ein...«

»Pass lieber auf deine Rute auf«, wiederholte er.

Als ich hinsah, bewegte sich gerade die Spitze. Einmal – zweimal. »Da ist was«, sagte ich. »Albert.«

»Schlag an«, gab er zurück. »Aber sachte.«
Ich nahm die Rute und ruckte einmal kurz daran. Der Widerstand auf der anderen Seite war schwach, aber deutlich zu spüren. Ich schlug noch einmal nach und rollte die Schnur auf. Es war eine Scholle, und sie sah genauso aus wie die von Albert. Hell und mit Tupfen besetzt. Nur etwas kleiner. Aber stark. Als ich sie abhakte, wäre sie mir fast aus der Hand gesprungen.
»Was sagst du nun?« fragte Albert. Er hatte sich wieder beruhigt. »Mensch«, sagt ich, »das hätte ich nicht gedacht.« Ich will ehrlich sein: das war meine erste Scholle überhaupt, und ich war ein bisschen aufgeregt.
»Du wirst noch mehr fangen«, meinte Albert. »Pass mal auf.«
Wir fingen Schollen, solange die Flut herein stand. Um siebzehn Uhr dreissig hatten wir zweiundzwanzig Stück. Eine wie die andere: sandgelb. Dann fingen wir zwei mittlere Aale. Sie kamen mit ins Netz, in dem die Schollen waren. Das Netz trug Albert.
Jetzt sehe ich wieder vor mir, wie er den Deich hinaufkletterte, in der einen Hand das Netz und in der anderen seine Pfefferrohrrute, und ich habe die weite Fläche der Strommündung vor Augen, die Schiffe...
Und ich überlege mir, ob es nicht am zweckmässigsten wäre, ich würde das kommende Wochenende

dort draussen in Duhnen verbringen. Ich könnte mit der Jan Molsen fahren, das ist relativ billig. Und ich würde am Sonntagabend zurück kommen – mit einem Netz voller Schollen, die sandfarben sind und mit rötlichen Tupfen besetzt.

Grüsse aus dem Schwarzwald

Von Zeit zu Zeit pflege ich meine Briefschaften zu ordnen; ich lege Kuverts aufeinander, errichte nach Grössen einsortierte Häufchen und schlinge Knacksbänder drum herum. Von Zeit zu Zeit aber pflege ich diese Bänder wieder zu lösen; es gibt an manchen Abenden nichts Interessanteres, als in angestaubten Handschriften zu suchen. Ich suche eigentlich nie etwas Bestimmtes. Die Geburtstagsgrüsse einer seit langen Jahren verstorbenen Tante sind mir schon Freude genug.

Kürzlich fand ich einen Brief, der aus dem Schwarzwald kam. Er kam von H.L., einem Menschen, den ich einmal gut gekannt habe; und es steht einiges vom Angeln drin. Am besten, ich gebe ihn so wieder, wie ich ihn damals erhalten habe, vor Jahren. Hier ist er:

Mein lieber Freund!

Bin am Montag wohlbehalten hier in B. eingetroffen und habe zu meiner grössten Freude wieder mein altes Zimmer bekommen. Zu meiner aller grössten Freude, das muss ich sagen.

Ich weiss, du wirst jetzt lächeln. Und du hättest

nicht einmal unrecht, lieber Johannes: Ich bin schon ein alter, sentimentaler Narr. Ich häng an etwas, das Du kurzerhand »Ausblick auf eine Wasserfläche« nennen würdest. Ach ja – der Ausblick aus dem Fenster auf den See hinaus. Ich muss Dir gestehen, dass ich gestern über zwei Stunden dort hinter der Gardine verbracht und auf das Wasser hinaus geguckt habe. Weißt Du – es wehte eine sonnige Brise, gerade ausreichend für die Segler, und die braunen und grünen Anglerboote tanzten einen Reigen dazu. Das war schon lustig.

Ehe ich´s vergesse, lieber Johannes: Besorge mir doch bitte umgehend drei Z-Spinner. Die mittlere Grösse. Man bekommt hier keine. Und die beiden, die ich mit hatte, sind mir mittlerweile verloren gegangen. Der eine bei der Anlegebrücke, der andere am Badesteg. (Schicke sie mir bitte schnell her, Johannes. Die Ausgaben erhältst Du zurück, sobald ich wieder daheim bin.)

Übrigens hat der Schenkwirt in der vergangenen Woche einen grossen Hecht gefangen. Der Franzl. Du kennst ihn sicher noch, diesen rotgesichtigen Menschen. Er soll das halbe Dorf eingeladen haben. Schade, dass ich nicht dabei war. Nein, nicht des Freibiers wegen. Ich hätte den dicken Franzl gern mal in Stimmung gesehen. So wie damals, als er die fünfzehn Aale gefangen hatte. Erinnertst Du

Dich noch daran? Mir ist es so, als wäre das alles erst gestern gewesen, als lägen keine drei Jahre dazwischen. Ja, mitunter fällt einem auch plötzlich etwas ein, das lange vergessen schien. Ich muss jetzt daran denken, wie die Aale halb aus dem Weidekorb heraus hingen. Weisst Du noch – und dann spendierte er uns am frühen Morgen einen Kognak.

Mit meinem Fang ist es übrigens nicht weit her. Ich war jeden Tag draussen auf dem See. Aber frage mich nicht, ob es sich gelohnt hat. Wenn man es so nimmt, lohnt sich das Angeln ganz und gar nicht. Du zahlst einige hundert Mark für Schnüre, Ruten und Rollen, und was weiss ich noch, und dann fängst Du mal hier eine Plötze und mal dort einen Barsch. Wenn es hoch kommt, hast Du auch mal einen Hecht oder eine Forelle. Besser, Du holst Dir die Fische aus dem Laden – sagen die Leute, die es nicht besser wissen. Unsinn – nicht wahr? Als wenn es um die Fische ginge. (Natürlich geht es auch um sie, aber keinesfalls um ihren materiellen Gegenwert, wie diese Leute glauben.)

Johannes – ich will Dir beschreiben, wie ich meine Ferientage hier draussen in B. verbringe. Das kennst Du ja: Am Morgen klopft einem der Wecker den Schlaf aus den Augen, und geht es ab zur grossen Katzenwäsche. (Rasiert habe ich mich schon seit fünf Tagen nicht mehr.) Die Wirtin ist immer schon auf den Beinen, die gute Seele. Sie scheint mit den Hühnern aufzustehen. Und sie selbst gleicht einem Federtier. Hat sie Dich erst einmal eräugt, steht auch schon der Kaffee auf dem Tisch. Du brauchst gar nicht viel zu reden. Sie trippelt um den Tisch herum, stellt Käse, Wurst und anderen Aufstrich hin, und dann – trapp trapp – ist sie schon wieder weg und lässt Dich mit Deiner wohligen Friedfertigkeit ganz allein. Denn morgens ist man ja noch ziemlich friedfertig von der Dunkelheit her, und ein bisschen müde meistens – und immer zugleich auch einwenig aufgeregt. Denn immer meint man, an diesem und diesem und diesem Tage könnte das Glück zu fassen sein, und als Angler rechnet man an jedem frühen Morgen wieder mit besonders gutem Tagesfang. Das ist es auch, was einen zur Eile antreibt: Du stürzt mehr deinen Kaffee hinab, als dass Du ihn schluckweise und geniesserisch zu Dir nimmst, und Dein Blick ist mehr nach draussen auf den Himmel als auf die Käsebrote gerichtet. Dann ist man soweit: Ruten zur Hand, Tasche und Kescher, und hinaus auf den Weg zum See hinunter.

Weisst Du, Johannes – an einem der letzten Morgen war ich überzeugt davon, meinerseits einen guten Hecht mit nach Hause zu bringen, und ich war mir

so sicher in dieser Sache, dass ich schon die Meerrettichsauce auf der Zunge spürte. Ich lief mehr, als dass ich ging, und ich glaube, ein heimlicher Beobachter hätte seine wahre Freude an mir gehabt. Als ich dann im Boot sass, musste ich erst eine Weile verschnaufen. Ich kam gerade zurecht, einem der federschöpfigen Haubentaucher bei seiner Morgenarbeit zuzusehen. Der Vogel war ganz nahe am Boot, keine dreissig Meter, und das ist bei denen allerhand. Ich verhielt mich ganz still. Und wenn er mich schliesslich sichtete, so war das nicht meine Schuld.
Dieser Morgen, Johannes – ja, ich weiss, ich schwärme – dieser Morgen versprach in seiner dunstigen Helligkeit alles. Ein Fischmorgen, wenn man so sagen kann. Auf jedem Halm perlte der Tau, und die Sonne stand noch niedrig hinter den Hecken. Dazu musst Du Dir den Himmel nicht als einzige Bläue denken, eher wie aus Rauch gemacht. Solche Morgen gibt es nur im Sommer, wenn das Leben aus dem Vollen schöpft. Im Frühjahr wäre die Welt noch zu gläsern, und im Herbst, da spürtest Du bei aller Schönheit ringsumher das grosse Sterben.
Du verstehst mich vielleicht, dass ich es kaum abwarten konnte, zu unserem alten Fangplatz zu kommen. Die Fische waren auch recht gefrässig an diesem Morgen. Im Wasser rings umher zwirbelte es

sehr vernehmlich, und als ich an der alten Brücke vorüberkam, schlug dort ein grösserer Fisch. Ich wollte erst einen Wobbler hinüber werfen. Aber Du weißt ja, was es mit der alten Brücke auf sich hat. Das Wasser ist voller Zweigwerk und Gerümpel.
Dafür hatte an unserem Platz gleich mehrere Bisse hintereinander. Plötzen und Barsche. Einmal ruckte es gewaltig an der Pose, weißt Du, so mit seitlichem Wegtauchen. Sogar etwas Schnur ging durch die Ringe. Aber nichts.
Ich könnte Dir überhaupt nur von Plötzen und Barsche berichten; die grossen Fische haben es ja noch nie sonderlich gut mit mir gemeint. Aber morgen will ich auf die andere Seite hinüber. Auf Aal, meint der Franzl, ginge es immer. Hauptsächlich jetzt in der Sommerzeit.
Was soll ich Dir sonst erzählen? Dass ich schon ganz schöne Bräune angesetzt habe, vielleicht das? Weisst Du, Johannes, es kommt ja wirklich nicht auf den Fisch an. Natürlich – ein Angeln ohne die Aussicht auf einen Fang, das wäre zu langweilig. Das wäre wie eine Rose ohne Duft, wie eine Blume ohne Farbe. Aber schon die Möglichkeit, einen Fisch zu fangen, zählt. Das andere ist dann ein grossartiges, farbiges Dazu: Wenn Du im Boot hockst, die Beine angezogen, morgens in der stillen, tauigen Kühle, wenn die Sonne noch nicht recht aufgekommen

ist. Dann möchtest Du mit keinem Menschen tauschen.
Und weisst Du, Johannes, ich bin auch nicht böse darüber, meinen Hecht noch nicht gefangen zu haben. Ich vergnüge mich, bin ich nicht auf dem See, auf vielerlei Art und Weise. Ich gehe zum Beispiel oft im Dorf spazieren. Ich kenne wohl bald schon jede einzelne Kuh auf den Wiesen, und, glaube mir, auch das ist etwas wert, wenn Du Dir den Ruf des Hahnes einprägen lernst! Ich weiss nicht, ob Du mich verstehst: Es gibt viele Dinge, die bei aller ihrer Unscheinbarkeit etwas wert sind.
So, lieber Johannes, das war es für heute. Ich hoffe, mich bald wieder zu einem weiteren Brief aufraffen zu können. Und Du – schreibe Du auch mal, ja? Und bitte – vergiss doch die Z-Spinner nicht. Ich brauche sie dringend.
Also dann-
Dein alter Freund Peter

Dieses war der Brief, ein altes Stück Papier, das von früheren Zeiten sprach; und ich hielt es eine ganze Weile in der Hand und dachte an einen Menschen zurück. Ich habe den Peter nie wieder gesehen. Er verunglückte wenig später; und auch das gehört zu meiner Erinnerung: ein hellgebeizter Eichensarg unter grünen Kränzen.

Ein Tag im Anglerheim

Jemand kam draussen durch den Korridor und verstaute sein Angelgeschirr im Schrank. Ein Köderfischkessel klapperte, dann polterten Gummistiefel über den Holzboden. Das war nachts gegen ein Uhr. Um zwei Uhr schlief ich immer noch nicht, konnte nicht, weil Eckhard so grauenhaft schnarchte. Er lag über mir in der anderen Koje. Gegen drei müssen mir dann die Augen zugefallen sein. Ich träumte. Ich sah eine Wiese vor mir, Blumen waren darauf, und irgendwo führte ein schmaler Weg entlang. Ein hübsches Bild. Aber noch bevor es richtig hell wurde, erwachte ich wieder. Draussen auf dem Korridor sagte jemand: »Es regnet.«
Und eine andere Stimme antwortete: »Was meinst Du, wollen wir los?« Sie unterhielten sich eine ganze Weile in dieser Art, bis sie schliesslich wieder in ihr Zimmer zurück gingen.
Es regnete wirklich. Ich drehte mich auf die andere Seite und sah zum Fenster hin. Dicke Tropfen rannen an der Scheibe herab, und hinter dem Glas

blickte ein grauer, trübsinniger Morgen zur Stube herein. »Hallo, Eckhard«, flüsterte ich. »Schläfst du?« Aber von oben her kam nur ein Brummen.

Ich wartete noch eine Weile, dann stand ich auf. Es war halb sechs. Draussen auf dem Korridor lag alles in friedlicher Stille. Dämmerung, tauige Kühle, wenn die Sonne noch nicht aufgegangen ist und der Regen fällt. Als ich zum WC über den Hof hinaus wollte, sah ich Licht hinter Hartmanns Tür. Ich klopfte leise an. Hartmann war schon angezogen, aber das Haar hing ihm noch in die Stirn hinein. Er sagte: »Hallo, schon wach?«

»Ich konnte einfach nicht schlafen.« Ich setzte mich auf die Bank.

»Um ein Uhr haben Sie hier noch ´rumgepoltert.«

»Die waren auf Aale aus. Grubeck und Hattner.« Er holte seine Zigaretten heraus und bot mir eine an. »Ich wollte heute auf Schleie, aber du siehst es ja. Regnet. Und wenn mich einer fragt, wird das so schnell nicht wieder aufhören.«

»Schöne Aussichten«, meinte ich.

»Und ich hab´ noch nicht mal Regensachen mit«, brummte er.

»Keinen Mantel, nichts.«

»Hab´ich auch nicht mit. Aber wer hätte denn das gedacht?« Ich sah zum Fenster hin. Draussen lief der helle Sandweg vorüber, Haselnusssträucher wuchsen auf der einen Seite, und dahinter lagen die Wiesen zum See hinab. Es sah alles nass und ziemlich trostlos aus. Weit hinten hinter dem See rötete sich der Horizont.

»Vielleicht wird´s doch noch gut«, fügte ich hinzu.

Er zuckte mit den Schultern. »Aber nur vielleicht.«

Ich bedankte mich für die Zigarette und ging nach draussen über den Hof. Dann wusch ich mich unter der Pumpe. Ich bewegte den Schwengel einige Male auf und ab, und wenn das Wasser vorn aus dem Hals herausgeschossen kam, hielt ich schnell den Kopf darunter. Das Wasser war ganz klar, aber eisig kalt.

Als ich zurück kam, schlief Eckhard immer noch. Ich sagte laut: »Wach auf. Draussen ist der herrlichste Tag.«

»Lass´ mich bloss in Ruhe«, knurrte er mit einem Blick zum Fenster hin. »Da geht doch kein Mensch los.«

Im Aufenthaltsraum herrschte schon gegen sieben Uhr Hochbetrieb. Das grosse Wort führte der Dicke aus Hamburg. Er erzählte gerade etwas über den Aalfang in der Elbe.

»Kannst mir glauben«, hörte ich ihn sagen, »Gewichte von zwei Pfund sind keine Seltenheit.«

»Olle Stiefel, wa?« meinte sein Nachbar todernst.

Der Dicke plusterte sich auf. »Stiefel? Hab´noch nie solche lebendigen Stiefel gesehen.«

»Na, wenn schon«, sagte jemand.
Ich setzte mich unter das Fenster neben den alten Karlsen. Der alte Karlsen war jetzt am Morgen noch ziemlich still. Dafür würde er später von seiner Angeltour nach Helgoland berichten. Das war sein Lieblingsthema. Er hatte dort einmal drei Tage mit dem Haiangeln zugebracht. Sonst waren es die Plötzen, denen er nachstellte. Ein Plötzen-Spezialist mit braunen, sehnigen Händen und zerknitterndem Gesicht. »Heute regnet´s«, sagte er.
»Es wird sicher bald aufhören.« Ich steckte die Beine unter den Holztisch und lehnte mich zurück. Hinter mir trommelte der Regen gegen die Scheiben. Eine Melodie in Grau.
»Ich war gestern bis halb neun auf«, sagte der alte Karlsen nach einer Weile. »Sie fingen erst abends an zu beissen.«
»Und was gefangen?« erkundigte ich mich.
»n´paar Rotaugen«, sagte er, »auf Made...«
»Rotaugen? Sagen Sie, könnten Sie mir welche abgeben?« Der Studienrat am anderen Ende des Tisches ist hellhörig geworden. »Ich will heute auf Hecht los«, fügt er erklärend hinzu. »Wenn Sie ein paar Köderfische erübrigen könnten.«
Karlsen nickt. »Ich hab´sie draussen im Kanal. Können Sie haben.«
»Oh – das ist wirklich nett.« Der Studienrat bedankt

sich. Er fühlt sich verpflichtet, den alten Karlsen und mich zu unterhalten.
»Der Schwarzwald mit seinen wunderhübschen Ecken.« Das höre ich noch, als Heimleiter Mackensen das Frühstück hereinbringt. Kaffee. Gekochte Eier. Dunkles Brot. Für welche, die nicht auskommen«, erklärt er, »ist noch genug da.«
Zwei Minuten später tellerklirrende, vornübergebeugte Stille.
Der heisse Kaffee tut gut. Von überall her Diskussionen. Die Stimmung hebt sich, obwohl es nach wie vor gegen die Scheiben pladdert. »So gross«, sagt jemand. Gelächter. Und schon gegen neun Uhr wollen die Rheinländer Bier kaufen. Heimleiter Mackensen hat welches da. Dann holen die Rheinländer ihre Karten heraus.
»Was wollen wir machen?« sage ich zu Eckhard, der neben mir sitzt. »Wollen wir raus?«
Er zuckt mit den Schultern. »Bei dem Wetter?«
»Es soll nur eine vorüber gehende Störung sein«, schaltet sich der alte Karlsen ein. »Eine Tiefdruckrinne von Frankreich her.«
»Vorübergehend kann bis heute Abend heissen.« Eckhard ist missmutig. Er kann nicht still sitzen.
Warten wir´s ab«, sagt jemand von der anderen Seite her. »Ich glaube bald, s´ist schon heller geworden.«
Aber es wird nicht heller. Zehn Uhr vorüber, halb elf.

Die Hechtköpfe an der Wand halten bernstein-äugige Wacht. Dann beginnt der alte Karlsen von Helgoland zu erzählen. »Im Ernst«, sagt er, »so ein Hai ist schon die Reise wert.« Er gerät in Eifer. Und wir erfahren, wie hoch die Wellen sind, wenn Windstärke fünf ist. Am anderen Tisch diskutiert man über den Aalfang. Die Aalangler sitzen immer zusammen. Sie sind eine Clique für sich. Da gibt es Dispute über Köder, Grösse und Form der Laufbleie und zweckmässige Haken. »Na«, meinte jemand aus ihrer Mitte, ein dürrer, hoch aufgeschossener Mensch mit Brille, »na – ich halte die anderen für allemal besser.« Was er damit meinte, geht im Stimmengewirr der anderen unter.

Gegen Mittag scheint der Raum in den Rauchschwaden davonzuziehen. Die Aschenbecher füllen sich. Aus der Küche hinten ertönt Mackensen Stimme. Seine Frauen tauchen von Zeit zu Zeit auf, ein wenig verschwitzt, umwittert von Bratenduft und Rotkohlhauch. Und es regnet immer noch. Ein Blick durchs Fenster zeigt die dunklen, nassen Wiesen zum See hinab. Der Sandweg teilt die Landschaft in links und rechts. Links ziehen sich die Hecken hin. Zwischen dem Blätterwerk ertönt ein lang gezogener Vogelruf. Ein Pferdefuhrwerk poltert vorbei. Dann Stille. Nur auf der fernen Strasse das Summen der Autos.

»Ganz gleich, was kommt«, sagt Eckhard, »heute Nachmittag gehe ich los. Das ist ja furchtbar.« Er meint das

Stillsitzen und Warten auf eine Veränderung der Wetterlage.
Warten. Bei aller Geschäftigkeit ist das Warten stärker. Eben war einer der Rheinländer draussen. Er kommt zurück. In seinem Haar glänzt es feucht. »s´schwächer geworden«, verkündet er in der Tür. »Ich gehe los.«
»Das lass man«, ertönt es aus der Ecke der Kartenspieler. »Jetzt vorm Mittag.« Und schon klatscht es wieder auf den Tisch. Herz. Trumpf. Oder die Buben. Dazwischen klappern Flaschen.
»Mann«, sagt Eckhard, »länger als nach dem Essen warte ich nicht.«
Gegen halb eins deckt das dunkelhaarige Fräulein Erna die Tische. Jemand öffnet ein Fenster. Kalte, feuchte Luft strömt herein, der Geruch von Gras und Erde. Und der alte Karlsen ist noch immer in Helgoland. Er sagt: »Das Schaukeln von so´m kleinen Boot ist mit das Schlimmste. Hach – und wenn das Wasser so ankommt.« Er strahlt. Zuhörer finden sich immer. Das Angeln auf Hai ist interessant. Beim Essen geht das Erzählen weiter.
Rotkohl, dampfendes Fleisch. Dreifünfzig für die Portion. Der Heimleiter Mackensen erkundigt sich bei uns, ob es auch schmecke. Ja, es schmeckt. Ja, noch etwas Rotkohl vielleicht.
So geht der Mittag vorbei, die erste Stunde des Nachmittags ist da. Die Rheinländer spielen Karten. Die

Aalangler diskutieren. Der Milchhändler redet auf den Studienrat ein. Rauchgeschwängert die Luft. Zwei jüngere Leute haben sich Bärte stehen lassen. Sie sind schon über vierzehn Tage hier im Heim. Sie kennen das. Warten. Zeitung lesen. Und die Hechtköpfe an der Wand bleiben unbeweglich. Der Zander bleckt die Zähne.

Auf dem Hof ist Leben. Stimmen ertönen. Ein Automotor blubbert leise vor sich hin. Dann klappt eine Tür, zwei Leute kommen in den Aufenthaltsraum. Neuankömmlinge. Ein Ehepaar, sie klein und rundlich, er gut einen Kopf grösser. Grosses Hallo aus der einen Ecke. Man hat sich lange nicht gesehen. »Mann – weisst du noch? Tag August, Tag Hermann. Tag Friedel. Mann.«

Wird es heller? Ja, es wird heller. »Gegen zwei Uhr ändert sich meistens das Wetter«, sagt einer. Einige stehen auf und gehen ans Fenster. Eine Stimme: »Der Regen lässt nach.«

Der Regen lässt nach, er hört auf. Nur ein paar Tropfen noch.

Zwanzig Minuten später der erste, zaghafte Sonnenstrahl.

»So«, sagt Eckhard, »endlich.«

Ich stehe mit auf. Schon ist der Aufenthaltsraum leer. Nur in der Ecke der Rheinländer sitzt man noch. Bube. As. Gelächter. Eine grüne Joppe gleitet draussen am

Fenster entlang. Dann ertönen Stimmen vom Weg herauf. Man ist schon unterwegs.
Ruten. Rucksack, der Eimer, die Dose. Wir haben das Heim hinter uns. Vor uns die Wiesen. Dahinter der See, die Boote.
»Hach«, sagt Eckhard, »wie das duftet...«
»Die Luft tut gut«, meine ich.
Wir sind am Steg. Das Boot ist nass und schwarz. Regenwasser. Wir müssen erst mal schöpfen. Ringe zeigen sich auf dem Wasser. Weiter entfernt schlägt ein Fisch. Dann treiben wir schon an der Schilfwand entlang.
Eckhards Gesicht ist gerötet. »Weisst du«, sagt er, »so ein Regen hat doch was für sich. Man muss warten. Und nachher ist alles um so schöner.« Er lächelt. Er ist glücklich. Und ich bin es auch. Ich sehe einen Reiher weit entfernt auf den Moorwiesen einfallen, sehe den See, das Schilf und den Himmel über allem.
Ja, ich bin glücklich.

Fische en detail

Ich habe mich in vielen Berufen versucht. Eine Zeitlang besass ich ein Fischgeschäft. Einen Laden, besser – ein Lädchen.

Ich verkaufte Schollen im kleinen, grüne Heringe, Kabeljau und was es sonst an Konsumfischen gibt. Ich verkaufte selten Räucheraal, noch seltener Kaviar oder dergleichen. Denn ich sass mit meinem Laden in einer Gegend, in der diese Artikel nicht gingen. Der Preise wegen. Ich verkaufte zum Beispiel auch keine Forellen, keinen einzigen Hecht, und mit Lachs war es nicht anders. Eben nur Konsumfische. Und auch die gingen mitunter mehr schlecht als recht. Das kam, weil ich mit meinem Lädchen an einer Durchgangsstrasse sass, wo die Autos nicht halten durften. Und es gab auch kein Hinterland, wie das heisst. Nur eine alte, stillgelegte Fabrik, und aus dem Fenster blickte ich auf den Hof einer Schlosserei.

Ich sass da manche Stunde, versteckt hinter dem Fenster, und beobachtete die Schlosser bei ihrer Ar-

beit, besah mir die schicken Autos, die auf der Strasse vorüber fuhren. Kam mal jemand herein, drückte ich schnell die Zigarette aus. Rauchen macht einen schlechten Eindruck, wenn man mit Lebensmitteln handelt.
Oft aber schauen die Leute nur durchs Fenster, der Preise wegen. Viele gingen weiter. Fast alle. Ich weiss nicht, woran das gelegen hat, denn ich war preiswert. Das kann man nicht anders sagen. Ich verkaufte meinen grünen Heringe um mindestens einen Groschen billiger als der Laden in der Bellealliancestrasse. Manchmal waren es zwei Groschen. Aber es kam fast niemand. Ich glaube, die Leute mochten mich nicht. Wirklich. Ich hatte den permanenten Eindruck, als wenn die Leute schon meine Krawatte nicht leiden konnten. Ich habe nämlich eine Vorliebe für Echt-Schotten-Krawatten mit viel Rot drin. Das mögen nicht alle. Und dann überhaupt glaube ich, dass es meine ganze Art war, dass die Leute zur Bellealliancestrasse gingen.
Meine ganze Art – ich muss das näher erklären.
Stellen Sie sich einmal vor, da ist jemand, bei dem Sie mal ein Pfund Schollen gekauft haben. Und nun grüsst der Mann Sie nicht. Er guckt Sie bloss an und schnell wieder weg.. Was würden Sie von so einem Menschen halten?
Ich weiss, was Sie jetzt sagen. Aber das ist eben mei-

ne Art. Ich sehe nicht ein, weshalb ich jemanden grüssen soll, der mir ziemlich gleichgültig ist. Ja sicher – ziemlich gleichgültig. Noch mehr: Die älteren Frauen zum Beispiel sind mir ausgesprochen unsympathisch.

Bitte – ich spreche jetzt niemanden persönlich an. Ich sage das ganz allgemein. Und wenn Sie schon einmal gesehen haben, wie sich diese älteren Frauen immer gerade die lebenden Schollen aussuchten – und wie sie dann quiekten, wenn das Tier auf dem Schneidetsch umher hoppste, wenn Sie das mit angesehen haben, dann wissen Sie, was ich meine.

Nein, ich war damals nicht glücklich. Ich will damit nicht sagen, dass ich es heute bin. Aber damals war mein Unglück von handfester Natur: Ich hatte sieben Tausend Mark in das Lädchen gesteckt, in die zartgrün gekachelte Institution ohne Hinterland, die mir nichts einbrachte, nichts. Und dabei stand ich jeden Morgen um fünf Uhr auf, um alles vorzubereiten. Um die Heringe einzusortieren, die Makrelen, diese hübschen Tiere. So blank und rund, dass ich mich manches Mal fast geweigert habe, sie an die alten Frauen zu verkaufen. Segen des Meeres. Und ob!

Und wenn Sie mich dann gesehen hätten, wie ich den Butt verkaufte! Elb-Butt, noch lebend. Kopf ab und so weiter. Weshalb ich das erwähne?

Sehen Sie, wenn Sie schon einmal vor Cuxhaven auf Butt geangelt haben, gegen Abend vielleicht, wenn die Sonne wegtaucht und wenn die Möwen klammheimlich durch die Stille segeln, durch diese rauchblaue Stille, und wenn Sie da so auf einer Buhne sitzen, vor sich das ganze weite Wasser – dann können Sie sich vielleicht denken, wie mir zumute war.

Ich weiss – wenn der Mensch beim Brotessen ist, achtet er nicht auf die Farbe der Blumen.

Nun gut – ich habe das Geschäft vor längerer Zeit aufgegeben und bin zur Zeit als Sargträger tätig. Das ist eine leichtere Arbeit, als mancher annehmen mag. Denn wir sind sechs Mann, wenn wir einen Sarg von der Kapelle zur Gruft tragen, und ein Mensch wiegt nicht viel.

Dann habe ich auf dem Friedhof mein festes Auskommen, und das ist etwas wert. Ich habe es nicht mehr nötig, irgendwelchen Hausfrauen nach dem Munde zu reden, Ihnen Schollen und Butt zu verkaufen, diese hübschen, flachmäuligen Tiere. Ja, ich habe jetzt so viel, dass ich jeden Monat fünfzig Mark weglegen kann. Und das tue ich auch: Ich will in drei Jahren nach Venezuela fahren, für vierzehn Tage, drei Wochen, und dort werde ich auf Hai und Baracuda angeln. Das würde mir nie im Leben gelingen, hätte ich meinen Fischladen behalten. So aber habe ich die Aussicht, einmal die Welt kennen zu lernen und etwas zu erleben. Und dass ich einen Hai fangen werde, ist gewiss: Ich spüre in meinen Armen manchmal die Kraft dieses grossen Tieres, und dann sehe ich einen Wald von grauen, aufragenden Bohrtürmen. Dann bin ich in der Maracaibosee, nach der ich mich so sehne.

Vom frühen Nachmittag an bis in den Abend hinein wich der Anlieger kein einziges Mal von meiner Seite, stand übers Geländer gelehnt, rauchte, betrachtete den Himmel und das Wasser und erzählte Stories. Wen wundert es, dass ich unter diesen Umständen noch weniger fing, als auf einer Untertasse Platz gehabt hätte: eine Karausche, zwei Plötzen. Was sollte ich denn schon tun?

Wenn einer dauernd im Wege steht, alles betastet und einem mehr als einmal einen Korn aufdrängt, da kann schon manches schief gehen. Dabei müssen Sie aber ganz ruhig bleiben, und immer höflich. Denn nur die Anlieger sind in der Badeanstalt angelberechtigt, und wenn man als Aussenstehender einmal eingeladen wird, muss man sich schon nach der Decke strecken.

Um sieben Uhr endlich rief ihn die Frau dann zum Abendessen, und ich rechnete mit neuen Chancen und baute auf Aal um. Ich hatte also Haken Nr. 12

mit geschlitzten Schenkeln in der Schachtel, aber spät am Abend stellte sich heraus, dass die selbst noch zu gross waren. Denn die Aale, die ich fing, und auch die, die der Schwager des Anliegers von Acht an heraus holte, wogen durch die Bank hundertfünfzig Gramm und nicht viel darüber. Ein Phänomen, das mich zur Zeit mehr beschäftigt als alle weltpolitischen Fragen zusammen. Denn ich weiss ja noch, was damals in der Badeanstalt gefangen wurde.

Damals bestand eine Verbindung zur Wandse hin, ein Siel, durch das die Aale auf ihrer Wanderung von Elbe und Alster herauf, vorüber an den hohen Kontorhäusern im Herzen Hamburgs, in den See gelangten, und wir Schuljungens waren damals allesamt passionierte Reusenfischer und Hakenleger. In jenen Jahren um 45 herum ruhte der Badebetrieb; das Maschengitter rund um den See war von Bombensplittern zerfetzt, und wir konnten ungehindert durch die Brennesselwände und Erlendickichte hindurch an das sandige Ufer der Westseite gelangen.

Heute herrscht wieder ein reger Badebetrieb im See; alles verläuft in schönster Ordnung gegen fünf Groschen Einritt, und das Siel ist seit langem durch die Gartenbauleute zugeschüttet worden.

Woher nun nach dem Aalsterben von 58 der Nachwuchs stammt, ist mir ein Rätsel. Es ist nicht ganz ausgeschlossen, dass es dabei mit überirdischen Dingen zugeht. Vielleicht werden die Aale wirklich aus dem Schlamm geboren, wie ostfriesische Fischer behaupten. Denn die kleinen, die kurz nach acht zu beissen begannen, konnten nicht viel länger als allenfalls zwei Jahre im See gelebt haben. Dabei hatte ich ein richtig feines Aalgeschirr montiert: Laufpose aus Balsaholz, zur Hälfte mit phosphoreszierender Farbe bemalt, kleines, durchgebohrtes Kugelblei, einen Einhänger, und am Vorfach den Haken mit geschlitztem Schenkel. Nein wirklich: ein grosser wäre mir entwischt.

Beim ersten Biss glaubte ich auch noch an ein Versehen; denn aus der Art, wie der Aal den Köder aufnimmt und damit abzieht, lässt sich erkennen, ob es sich um einen grossen handelt oder nicht. Ich habe da meine Erfahrungen: Je kleiner der Aal, um so grösser der Aufwand. Dieser zog mal hierhin, mal dorthin. Ich meinte schon einen Augenblick lang, das könnte gut eine Schleie sein, die haben das ja so an sich. Aber als ich anschlug und mir den Schaden betrachtete, war es einer von jeden Bundaalen, die den Haken immer ganz vorn im Maul sitzen haben. Sie schaffen es nicht, tiefer zu schlucken.

Ich hakte ihn ab und übergab ihn wieder den Elementen.
Nun ja – wer die Taube in der Tasche glaubt, achtet nicht den Spatzen auf dem Dach.
Und noch beim fünften dieser Sorte Fisch (drei fielen mir ab, bevor ich sie auf dem Steg hatte) war ich mir meines Erfolges sicher.
»Wenn es dunkler wird«, sagte ich mir.
Ich hatte mich eben darauf eingerichtet, gute Aale zu fangen. Denn wenn einer wirklich mal zum Angeln eingeladen wird, nimmt er sich einiges vor. Und an jenem windstillen Abend konnte man die Fische hinter jeder Schilfwurzel spüren.
Indessen: Es lässt sich nichts übers Knie brechen.
Obwohl ich mehrmals die Tiefeneinstellung wechselte, die Tauwürmer mit Käse bestrich, weiter in das Wasser hinaus warf oder näher zum Ufer hin – es blieb sich alles gleich.
»Ursula«, sagte ich zur Frau des Anliegers, die mir für fünf Minuten zusah, »das Aalessen fällt aus.«
»Macht nichts«, gab sie zurück. »Komm man ´rein. Es gibt noch einen Krimi.«
Ich blieb.
Wie soll ich schliessen? Gegen zehn Uhr kam der Anlieger noch einmal auf den Steg, schaute nach dem Wetter und hielt eine Rede. Ich hörte zu und trank von dem angebotenen Korn. Und

als ich zufällig einmal hinsah, war der Schwimmer fort.
»Hei«, sagte ich.
Aber es ist so, dass ich den Schnurfangbügel immer geöffnet habe. Der grosse Aal fasst an und zieht sofort los, und er hat noch nicht tief genug geschluckt und spürt einen Widerstand, würgt er den Haken sofort wieder aus. Bei Gott – das war wohl hier der Fall.
Ich will nun nicht behaupten, dass es sich um einen grossen gehandelt hat. Andererseits wird er nicht gerade klein gewesen sein.
Nun, noch ehe ich von meinem Hocker herunter war, begann der Anlieger zu quieken. Etwas Lebendiges sei ihm unter die Schuhe geraten, verflucht... Er sprang dabei in die Höhe und warf die Rute vom Steg. Natürlich hatte er die ganze Zeit über auf meiner Schnur gestanden.
Ich bin der Meinung, dass kein kleiner Aal einem hundertachtzigpfündigen Maurer eine Schnur unter den Füssen wegziehen kann – aber was sollte ich auch schon tun? Ich lächelte also, sagte, das sei nur halb so schlimm, und es handle sich nur um ein Versehen. Denn als Aussenstehender muss man sich gut mit den Anliegern stellen; ich habe da meine Erfahrungen. Und zu guter Letzt kommt es auch gar nicht auf den Fisch an. Wir leben in einer gesit-

teten Zeit: Man ist höflich zueinander, lächelt, nickt mit dem Kopf. Weshalb sollten wir Aalangler, die im Allgemeinen zum einfachen Fussvolk gezählt werden, nicht auch das Benehmen eines englischen Fliegenfischers hervorkehren?

Aber eines weiss ich: Ich schaffe mir ein Boot und die Genehmigungskarte an, und dann werde ich von der Wasserseite aus angeln. Da habe ich meine Ruhe. An manchen Sommerabenden werden Sie mich dann wohl vom Ufer aus betrachten können, Sie und der Anlieger, aber ich werde nicht auf Zurufe oder Winken und dergleichen reagieren. Ich betrachte meinen Schwimmer und bin eigentlich gar nicht vorhanden. Und ich weiss auch, dass sich Fotografen, vielleicht sogar Maler für mich interessieren werden. Denn wie ich so da sitze, vorn über gebeugt, die zischelnde Pfeife noch in der Hand, biete ich ein Bild des tiefsten Friedens.

Es wurde am frühen Morgen schon recht warm, vierundzwanzig bis sechsundzwanzig Grad vielleicht, vielleicht noch mehr. Die wenigen Wölkchen über dem See hatten sich auch bald in Richtung Kuhweiden davon gemacht, und der Wind, der noch mit der ersten Helligkeit vom Hochwald her zum Wasser hinunter geküselt war, schlief nach und nach ein. Mit ihm schien sich die ganze Welt aufs Ohr zu legen.

Das frühe Gequarre der Enten und Blässhühner verstummte allmählich, der Rohrsänger zog sich schweigend in tiefere Regionen der grünen Binsenwildnis zurück, nicht anders machte es sein scharfäugiger Vetter, der Haubentaucher, und was schliesslich noch übrig blieb, das war der Himmel, so hoch und weit und mit einer Farbe überzogen, wie man sie nur in Bilderbüchern zu sehen bekommt.

In diese abgeschiedene Stille hinein platschte und spritzte es einige Male vernehmlich vor dem verankerten Boot, dicht unter dem Netz mit den Plötzen.

»Ein Hecht«, sagte ich. Und Heinrich meinte: »Oder die Barsche von gestern abend vielleicht.« Aber als es wenig später auf der anderen Seite zu rumoren begann, drehte er sich um und lächelte. »Du hast recht. So gross.«

»Hast du ihn gesehen?« fragte ich.

»Sicher«, nickte Heinrich. »Da drüben. Der hat gut seine fünf, sechs Pfund. Vielleicht auch sieben.«

»Dann wollen wir es versuchen«, schlug ich vor. »Ich mache hier alles klar.«

Aber als ich von der Ruderbank rutschte und die beiden Plötzenruten aushob, seine mit Balsaholzschwimmer und anschliessend meine, da wäre ich um ein Haar ins Wasser gefallen. Das machte der Aalschleim, der noch vom Vortage her auf den Bodenbrettern fest sass, vielleicht auch einige herunter gefallene Bleischrote. Man weiss ja, wo man dann drauf ´rumtritt und ausrutscht.

Als Heinrich sich dieses Mal umdrehte, lächelte er nicht mehr.

»Du hättest nicht so zu poltern brauchen«, sagt er vorwurfsvoll, »nun ist das Biest weg.« Worauf ich antwortete: »Ich konnte nichts dafür, Heinrich. Da liegt Aalschleim, wo ich drauf ausgerutscht bin.« Dann schwiegen wir.

Nach einer ganzen Weile sagte Heinrich aber: » Na ja, vielleicht kommt er noch mal zurück. Möglich ist alles.«
»Möglich ist alles«, pflichtete ich bei. »Vielleicht kommt er wirklich noch mal.« Aber das sagte ich nur, um überhaupt etwas zu sagen. In Wirklichkeit war der Fisch über alle Berge, und das wusste Heinrich so gut wie ich. O ja, ich kenne ihn. Viel später würde er einmal sagen: »So ein Fisch. Wir hätten ihn vielleicht haben können. Aber du...« Worauf ich antworten werde: »Lass man. Wir haben sonst gut gefangen den Morgen.« Ja – und das entspräche der Wirklichkeit. Denn die Plötzen bissen gut den ganzen Morgen über. Sie standen hoch, dicht unter der glitzernden Oberfläche, und man konnte sie in ganzen Schwärmen am Boot entlang ziehen sehen. Hoben wir die Ruten aus, blinkte und spritzte es silbrig auf, und von weiter entfernt her kam Antwort. Manchmal sprangen zwei oder drei Stück zur gleichen Zeit. Dazwischen klapperten die gehakten Fische an der Leine, und das klang wie Musik.
Aber gerade diese Art des Angelns war es, die Heinrich die Lust zum Weitermachen verdarb. Kaum eben, dass es auf halb acht Uhr zuging, holte er sein grünes Buch aus der Tasche. »Die nächste Solunarperiode ist in zwei Stunden und zehn Minuten«, sagte er. »Hier steht es.«

»Dann lass´uns Schluss machen, Heinrich«, sagte ich. »Diese Rotaugen können wir immer noch fangen.«

»Die immer«, pflichtete er bei.

Fünf Minuten darauf befanden wir uns schon am Einfelder Ufer, wo es Weiden mit langen, herabhängenden Zweigen gibt, die ein wenig Schatten hergaben. Und so ein Schatten, der ist etwas wert, wenn es ringsherum nur glühende Sonne und gleissendes Wasser gibt.

»Puh«, stöhnte Heinrich, als wir das Boot an einem der Zweige festmachten, »wer hätte das gedacht. Gestern war noch Regen angesagt. Regen, stell dir das vor!«

»So ein Regen würde jetzt ganz gut tun«, antwortete ich. »Der käme zur rechten Zeit.«

»Och«, murrte er. »Geh´mir bloss ab mit den Meteorologen, was die immer erzählen.«

»Du hast recht«, meinte ich.

Eine halbe Stunde später war er eingeschlafen, und ich hockte mich mit dem Rücken gegen den Fischkasten und sah auf den See hinaus. Das Wasser lag still wie eine Pfanne voll Blei, wie ohne Leben. Manchmal konnte man ein Auto auf der fernen Überlandstrasse fahren hören, und aus den Uferwiesen her drang der Ruf eines Kiebitzvogels. Sonst war alles sehr still. Nur der feine Singsang der

Mückenschwärme über dem Schilf webte durch die heisse Luft, das Knistern der metallisch gefärbten Libellen, die dicht über dem Wasser auf Raub ausgingen.

Da rutschte ich ein Stück tiefer in das Boot hinein, legte das Rutenfutteral auf die andere Seite und schloss die Augen. Das sanfte Schaukeln des Bootes brachte mich rasch in eine andere Welt.

Ich schlief vielleicht eine halbe Stunde, vielleicht etwas weniger. Als ich erwachte, sah ich Heinrich auf der Ruderbank sitzen. Er hielt die Füsse im Wasser und fuhrwerkte hin und her. Sonst tat er nichts weiter, als vor sich hin zu brummen.

Ich beobachtete ihn eine Weile. Dann sagte ich: »Hallo, Heinrich. Ich glaube, ich habe geschlafen, was?«

Als er darauf nicht reagierte, sagte ich noch: »Was ist los mit dir?«

Da drehte er sich um und sah mich nachdenklich an. Sein Gesicht war vom Nachdenken wie zerfurcht, und zwischen den Augen liefen tiefe Kerben. »Himmel noch mal«, antwortete er nach einer Weile. »Mir fällt doch nicht ein, wie der Kerl hiess und was mit ihm war.«

»Mit wem?« erkundigte ich mich. »Wen meinst du?«

Aber wieder kam nur sein Brummen. Dann, nach einer langen Pause, hellte sich sein Gesicht plötz-

lich auf. »Rutherford«, sagte er, »ich hab´s.« Er sprach das »u« wie ein »a« aus. Das kam, weil er früher einmal zur See gefahren war, Westindien und so weiter. »Rasserfoort, der Teufel soll mich holen.«
»Das war ein Chemiker«, warf ich hin.
Er sah mich an. »Ein Chemiker? Ich hätte dich für intelligenter gehalten. Dass dieser Rutherford ein Physiker war, das weiss jedes Kind.«
»Entschuldige«, sagte ich, »es kommt nicht wieder vor.«
Darauf schwiegen wir eine Weile. Aber schliesslich stand Heinrich auf und kramte die Zigaretten hervor. »Hier«, sagte er, »rauchen wir erst mal eine. Es war nicht so gemeint.«
»Ich weiss«, nickte ich. »Hach – die Hitze macht einen ganz schön zu schaffen, was?«
»Und dabei sollte es Regen geben«, sagte er. »Hat er gestern noch angesagt. Tiefausläufer streift das nördliche Bundesgebiet. Übrigens - Rutherford war ein Engländer. Er hat einmal den Nobelpreis bekommen. Mehr weiss ich im Augenblick nicht.«
»Ich auch nicht«, sagte ich. »Aber mir wird schon noch was einfallen, Heinrich.«
Ich gab ihm die Schachtel mit den Streichhölzern, und dann setzten wir uns oben auf den Fischkasten und sahen auf den See hinaus. Da gab es eigentlich nichts weiter zu sehen, als eine flimmernde Fläche,

eingefasst von einem grünen Bukett aus Schilf und Uferbäumen. Die Luft flimmerte in der Hitze, und manchmal schien es fast so, als wollten die Sträucher und Bäume zu tanzen anfangen. Und die Sonne stieg immer noch.

»Die Solunarperiode fängt um elf Uhr zwanzig an«, sagte Heinrich nach einer langen Atempause. »Die grosse, die fett gedruckt im Buch steht.«

»Dann müssen wir gleich los«, meinte ich. »Wenn wir da hinten zum Berg hinaus wollen.«

»Das dauert eine drei Viertel Stunde«, brummte er. »Ein gutes Stück Arbeit.«

Als er aufstand, sah ich, dass sein Hemd hinten ganz durchgeschwitzt war. Meines sah bestimmt nicht besser aus. Aber – was besagt das schon, wenn man angelt. Ich meine, was kann ein Mensch dafür, wenn es fast dreissig Grad im Schatten ist.

»Zwei Flaschen Bier nur noch«, knurrte er mit einem Blick in den Fischkasten. »Wir hätten uns bei Petersen besser eindecken sollen, meine ich.«

Aber da schwammen wir schon draussen auf dem See.

Dann fingen wir Barsche, von halb zwölf Uhr an bis in den tiefen Nachmittag hinein, da draussen im See auf dem Berg. Zwei Aale, die die Wärme aus ihren Unterständen gelockt hatte, waren auch dabei. Der Fischkasten war voll.

»Wir können einen Kleinfischhandel aufmachen«, sagte Heinrich am Abend, als wir in der Alten Mühle bei einem kalten Umtrunk sassen, »was meinst du dazu?« Aber bevor ich noch darauf antworten konnte, wischte er plötzlich mit der Hand durch die Luft und begann still vor sich hin zu brummen.
»Eben ist es mir eingefallen«, raunte er nach einer Weile. »Ich hab´s endlich.«
»Was?« fragte ich.
Sein braunes, faltiges Gesicht rückte über den Tisch heran. Rutherford hat das Atommodell entworfen, verstehst du?«
»Aber natürlich«, lächelte ich ihm zu. »das lag mir schon den ganzen Tag auf der Zunge«.
»Der Mann ist Engländer und hat das Atommodell entworfen«, brummte er vergnügt. »Darauf wollen wir noch einen nehmen, ja?«
»Ja«, sagte ich, »ich bin dabei, Heinrich.«
In diesem Augenblick ertönte von draussen her der langgezogene Ruf des Brachvogels, der in den dunklen, feuchten Uferwiesen zu Hause ist. Es klang fast wie Gelächter.
»Menschenskind«, sagte jemand am Nebentisch, »das war vielleicht eine Hitze heute...«

»Onkel«, sagte der Junge zu mir, »hier am Haken ist ja noch einer dran.«
»Ein was?« Ich legte den Ziegelstein zurück auf die Rute und spulte die durchhängende Schnur auf. Der Schwimmer trieb jetzt weiter draussen im Kanal. So konnte er bleiben. »Ein was ist da dran?« fragte ich.
»Ein Haken«, antwortete der Junge. »Da – guck mal.«
Ich drehte mich um. Der kleine Junge hinter mir hielt einen Haken hoch, einen Aalhaken, verzinnt mit Öse. »Wo hast du denn den her«, fragte ich.
»Den? Der lag hier.«
Er sah mich an. Seine Augen wurden mit einemmal ängstlich. Ängstlich und misstrauisch.
»Ich nehme ihn dir nicht weg«, sagte ich. »Zeig mal.« Er gab ihn mir. Es war wirklich ein Aalhaken. »Da werden Aale mit gefangen«, erklärte ich, »hier.«
Er nahm ihn rasch zurück. »Und wie kommt da der andere Haken dran?«

»Das ist ein Widerhaken«, antwortete ich. »Damit der Fisch nicht abspringt.«
»Können Fische denn springen?«
Ich schüttelte den Kopf. »Eigentlich nicht. Das heisst bloss so. Springen.«
Ich blickte über das Wasser zum Schwimmer hin. Er hielt sich in guter Entfernung. Vielleicht würde ich noch einen der grossen Brassen fangen. Das Wetter war günstig: leicht bewölkt und wenig Wind.
»Aber weshalb heisst denn das so, wenn Fische gar nicht springen können?« ertönte die Stimme des Jungen nach einer Weile.
»Weil das so heisst.« Ich drehte mich zu ihm um. Er sass auf dem Mauerwerk hinter mir und betrachtete den Haken. Sein Gesicht war merkwürdig gespannt. »Das heisst nun mal so«, sagte ich. »Verstehst du?«
Als er aufsah, trafen sich unsere Augen. »Fall da man nicht rein«, sagte ich. »Nachher schimpft deine Mutter.«
»Ich wohn´bei meiner Oma«, antwortete er, und etwas in seiner Stimme war Trotz, »meine Mutti kommt nur manchmal auf Besuch.«
»So«, sagte ich. Ich kam gerade zurecht, um den abziehenden Brassen abzufangen. Er hatte den Schwimmer schon ein ganzes Stück zur Mauer hin gezogen. Aber dann sah ich, dass es keiner von den grösseren war, wie ich angenommen hatte. Er wog

kaum mehr als ein halbes Pfund. Katzenfische nennen die Kanalangler dergleichen.
Als der Schwimmer wieder draussen auf seinem Platz stand, fragte ich den Jungen, wie das denn eigentlich mit seiner Mutter käme.
»Sie hat Arbeit«, erklärte er. »Deshalb kann sie nicht immer kommen.« Aber das interessierte ihn gar nicht. Er wollte wissen, was das für ein Fisch sei, den ich gefangen hatte.
»Das ist ein Brassen«, antwortete ich.
»Und weshalb heisst er so?«
Er kletterte von der Mauer herunter und beugte sich über den Setzkescher.
»Die heissen nun mal so«, sagte ich. »Viele Dinge haben einen Namen, den man nicht erklären kann.«
Er dachte einen Augenblick lang nach. Dann sagte er: »Aber das ist doch ein Fisch!«
Ich nickte. »Natürlich. Auch Fische und Tiere und überhaupt vieles hat einen Namen, den man nicht erklären kann.«
»Meinen kann man aber.« Er sah zuerst auf den Haken in seiner Hand und dann wieder auf mich. Seine Augen waren ernst.
»So«, sagte ich, »wie heisst du denn?«
»Jörn-Peter.«
»Und weshalb heisst du so?«
Er sah mich unverwandt an. »Weil Mutti mich so

nennt. Und weil Oma mich so nennt. Und überhaupt alle.« Das letzte schrie er fast.
»Ich glaub´s dir ja«, lächelte ich. »Komm her, setz dich hier hin. Dann angeln wir beide.«
Ich legte die Betonung auf »beide«, um ihn nicht im Unklaren zu lassen. Er war mächtig aufgebracht. Erst dachte ich, er würde weglaufen. Aber dann kam er doch und setzte sich neben mich auf die Steine.
»So«, sagte ich, »und nun wollen wir mal ein feines Wurstbrot essen.« Ich holte das Paket heraus, das Elsbeth mit mitgegeben hatte. Zwei Scheiben waren mit Jagdwurst und die beiden anderen mit Tilsiter Käse.
»Magst du lieber Jagdwurst oder Tilsiter Käse?« fragte ich.
»Käse«, sagte er. Er ass eine halbe Scheibe, und die andere Hälfte nahm ich. Dann tranken wir Tee aus der Thermoskanne. Hinterher steckte ich mir eine Zigarette an. »Rauchen darfst du ja noch nicht, oder?« sagte ich zu ihm.
Er schüttelte den Kopf. »Aber Jürgen darf schon«, sagte er.
»Jürgen? Wie alt ist den Jürgen?«
»Er ist so gross.«
»So gross also.«
Ich war einen Blick zum Schwimmer hin. Man durfte ihn keine Minute aus den Augen lassen. Die star-

ken Brassen im Kanal sind scheu und lassen sofort wieder los.

»Er ist mein Freund«, sagte der Junge nach einer Weile.

»Jürgen ist also dein Freund?«

Er nickte. Den Aalhaken hielt er immer noch in der Hand.

»Also«, sagte ich, und ich verstand mich in diesem Augenblick selber nicht, »also – da muss ich mich aber mächtig wundern... Weshalb heisst denn dein Freund denn Jürgen, wie?«

Kaum, dass ich das gesagt hatte, stand er auf, und begann die Böschung hinauf zu klettern.

»Halt«, rief ich hinterher. »Jörn-Peter – bleib doch hier.«

Aber er drehte sich nicht einmal um. Dann, auf der Strasse, begann er zu laufen.

Ich fing an jenem Nachmittag noch drei recht gute Brassen. Freude habe ich nicht daran gehabt. Versteht man mich? Ich habe einen Menschen gekränkt, vorsätzlich gekränkt – und das wiegt schwer. Und wenn dieser Mensch vielleicht nur fünf Jahre alt ist und eigentlich keine Mutter hat – das wiegt noch schwerer.